本书受山西省软科学研究项目"煤炭机械装备制造业技术

（项目编号：2014041027-5）、太原科技大学校博

"基于心理契约破裂因素的企业与员工共生关系研究"

（项目编号：W20172001）的资助

基于心理契约破裂因素的企业与员工共生关系研究

马旭军 著

知识产权出版社

全国百佳图书出版单位

图书在版编目（CIP）数据

基于心理契约破裂因素的企业与员工共生关系研究/马旭军著. —北京：知识产权出版社，2018.12
ISBN 978-7-5130-5992-3

Ⅰ.①基… Ⅱ.①马… Ⅲ.①企业管理—研究 Ⅳ.①F272

中国版本图书馆 CIP 数据核字（2018）第 275231 号

责任编辑：荆成恭	责任校对：王　岩
封面设计：藏　磊	责任印制：孙婷婷

基于心理契约破裂因素的企业与员工共生关系研究

马旭军　著

出版发行：知识产权出版社 有限责任公司	网　　址：http：//www.ipph.cn
社　　址：北京市海淀区气象路 50 号院	邮　　编：100081
责编电话：010 - 82000860 转 8341	责编邮箱：jcggxj219@163.com
发行电话：010 - 82000860 转 8101/8102	发行传真：010 - 82000893/82005070/82000270
印　　刷：北京虎彩文化传播有限公司	经　　销：各大网上书店、新华书店及相关专业书店
开　　本：720mm×1000mm　1/16	印　　张：11.25
版　　次：2018 年 12 月第 1 版	印　　次：2018 年 12 月第 1 次印刷
字　　数：182 千字	定　　价：59.00 元
ISBN 978 - 7 - 5130 - 5992 - 3	

自 序

2007 年被评为副教授后，我开始给硕士研究生讲授组织行为学课程，虽然之前对组织行为的一些理论有所学习和掌握，但这是与"组织行为"的正式接触。在这门新课的学习和讲授过程中，我对组织行为的知识架构与内容有了系统且全面的认识和了解。组织行为学主要研究个体、群体和架构对组织中行为的影响，目的是提高组织效能。

2009 年伊始，我于北京工业大学就读博士研究生，开始思考我的博士论文如何在组织行为领域中选题与研究。起初是受运城学院院长（原太原科技大学经济与管理学院院长）薛耀文教授的提点，我开始关注心理契约破裂问题。在文献收集与整理的过程中，逐渐将视线延伸到"共生理论"，将共生理论与心理契约破裂放在一起进行研究。共生理论是生物学领域的概念，后来被逐步拓展到社会科学中，研究管理问题。在竞争激烈的社会背景下，企业更加关注并愿意积极处理好与员工的关系，希望同员工"协同"和"共赢"。信息技术迅猛发展，使得更为复杂的企业与员工关系仿真建模成为可能。因此，援引共生理论，充分利用仿真建模技术，构建企业与员工共生关系模型，对处理企业与员工关系中存在的问题具有重要的现实意义和理论研究价值。我从共生理论在企业与员工关系中的运用入手，以心理契约破裂模型及其动态演变为背景，定性分析心理契约破裂对企业与员工共生关系的影响，核心是构建企业与员工共生关系 Logistic 模型并对其进行验证，希望充分利用问卷调查、Logistic 方程建模和 MATLAB 数值仿真技术，开展基于心理契约破裂因素的企业与员工共生关系研究。

将共生理论运用于企业与员工关系中，是因为企业与员工之间的相互作用关系与生物界种群之间的关系极为类似。企业与员工由于外部因素或市场演变力量的作用而集结在一起，在一定的条件下共同生存和协同进化。这就像企业与员工模仿了自然生态中生物种群之间的共生关系，因而可以运用生物学中的共生理论来描述这种企业与员工的共生关系。企业与员工共生系统是由共生单元、共生模式和共生环境三个要素组成。其中，共生单元是基础，共生模式是关键，共生环境是条件。而企业与员工之间共生关系的产生必须满足一定的条件，这些条件既包含形成时的充分必要条件，也包含关系演变过程中的稳定条件。

在心理契约破裂模型及其动态演变研究中，我界定了心理契约破裂的内涵及构成维度。心理契约破裂是员工对组织未能履行在员工发展各阶段心理契约承诺的综合性认知，包括交易型、人际关系型、工作支持型和发展型四个具体的心理契约破裂构成维度。我遵循问卷调查与实证研究方法对心理契约破裂模型进行了检验。此外，心理契约破裂模型的构成维度之间在时间上存在动态演变过程，即由交易型心理契约破裂肇始，演化到人际关系型心理契约破裂，再到工作支持型心理契约破裂，最后是发展型心理契约破裂。这也是我研究的一个重点。

在心理契约破裂对企业与员工共生关系的影响中，我主要从二者之间的关系演进和存在的不同模式两个方面进行全面分析。在关系演进方面，首先建立了二者之间的关系演进模型，并指出协同是演进的本质；接着将二者关系的演进过程划分为共生关系的建立、发展、协调和成熟四个阶段，并分别就这四个阶段进行阐述。在二者关系存在的不同模式方面，讨论了企业与员工共生关系各个阶段的共生模式，并给出共生模式选择。通过两个方面的结合，引入心理契约破裂要素，剖析其对企业与员工共生关系的影响。

在企业与员工共生关系 Logistic 模型构建中，首先，明确 Logistic 模型的构建需要遵循系统性、合理性、逻辑性和科学性四个基本原则。在此基础上，构建企业与员工共生关系 Logistic 模型，并对模型的稳定性进行分析。其次，推演 Logistic 模型在不同的企业与员工共生关系模式下的变形并进行稳定性分析。最后，应用 MATLAB 技术对企业与员工共生关系 Logistic 模型实现数值仿真，模拟其变化趋势。

由于心理契约破裂要素在企业与员工共生关系中的重要意义，因此，在企业与员工共生关系 Logistic 模型基础上有必要引入心理契约破裂参数，构建扩展 Logistic 模型和推演不同共生关系模式下的扩展 Logistic 模型的变形，对所有构建模型的稳定性进行分析并应用 MATLAB 数值仿真技术对模型进行验证。随后，为了更加清晰心理契约破裂因素在企业与员工共生关系中的影响作用，对比 Logistic 模型和扩展 Logistic 模型的数值仿真结果。

2018 年 12 月底，我的专著将付梓。几次核稿，不仅是著作规范的审核，更是对自己从教 20 多年以及过往研究工作的梳理和总结。与其他著作相比，这是我在不断寻求并确立稳定的研究方向，探索教学与科研有效结合的一个阶段性成果。回头看，研究组织行为已 10 年有余，从一开始的懵懵懂懂、战战兢兢，努力探索组织行为的前沿动态，研究本科与硕士研究生教学、教学与科研的联系与区别，积极参加培训学习，不断丰富与提高自我，到如今的稍感心安，自知付出了多少心神。功崇惟志，业广惟勤。再多的努力与辛苦，必须与实践相结合、在实践中接受检验，才能得到专业的获得感和工作的幸福感。

随着社会经济的发展，组织行为与组织中个体行为、群体行为也日益复杂。学而不化，非学也。做研究是一个不断学习、不断创新的过程，我希望不断挖掘自身的内在动力与活力，用创新的思维提高自身的教学和科研水平。唯有付出，才能心安；唯有求实，才能明路；唯有求新，才能前行。

不忘初心，不负光阴，不畏前行！

希望能一直行走在"高原"上！

作者

2018 年 9 月

目　　录

第一章 绪 论

第一节 研究背景及意义

一、研究背景

前程无忧针对中国企业员工离职与调薪的调研结果显示，2014 年员工平均离职率为 17.4%，2015 年员工平均离职率为 17.7%，2016 年员工整体流动性明显上升，平均离职率为 20.1%[1]，如图 1 – 1 所示。

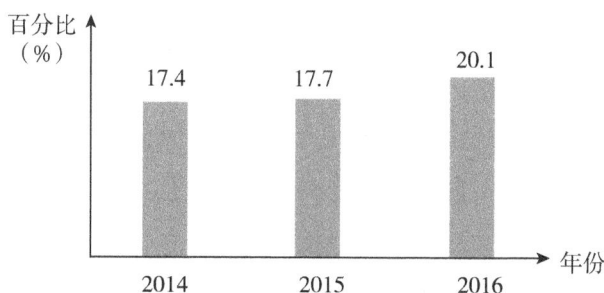

图 1 – 1 2014—2016 年员工离职率整体情况

调查结果显示，超过半数的员工离职原因主要集中在薪酬缺乏竞争性和职业前景受阻。"薪酬福利"与"职业成长空间"依然是影响员工主动离职的主要原因。

随着我国社会主义市场经济转轨的逐步成熟，社会关系发生了巨大变化，企业与员工原有的长期雇佣关系已不复存在，出现了短期化、有限责任等新的特点。在劳动力流动频繁、人才竞争加剧、市场机制对劳动力流动的刺激作用日益增强的今天，企业内外的职业流动和人才流动是经常的、绝对的。究其原因可以发现，企业制度、企业文化等根本性问题是造成人才流失的缘由；在我国"供给侧结构性改革"的深入进程中，制造业的转型升级必然对员工进行结构性调整，传统消费品行业在"互联网＋"的社会发展背景下加速转型对员工提出了新的要求，高科技行业以研发人员为核心人力资源，不断涌现大量的新型业态和商业模式，这些因素都加速了企业员工的流动。而薪资水平的竞争性和企业内部的工作环境等影响员工满意和忠诚的因素促使期望中的良好雇佣关系变得越来越差，这是造成人才流失的"加速器"。从现实状况来看，前述员工离职率高的现象的最终表现形式为不平等的雇佣交换关系导致的雇员不愿意为企业继续努力工作。

随着市场竞争的日益激烈，我国各类企业面临新的机遇与挑战，企业员工的竞争力在很大程度上决定了企业的生命力。企业要想保持可持续发展，提高核心竞争力，归根结底离不开高效率和高素质的员工队伍。

如何处理好企业与员工的关系，成为企业界一直以来热议的焦点问题。在日常工作中，针对企业与员工关系的管理经常采取的措施包括：设立专人负责企业与员工关系管理工作，提升企业与员工关系管理的水平；完善内部沟通机制和沟通渠道，建立和谐融洽、互通有无的沟通氛围，充分利用好正式沟通和非正式沟通；重视员工参与的管理工作，鼓励员工参与企业的日常管理与部分决策，为企业的发展建言献策，对企业的发展进行监督，提出建设性的建议和意见；企业内部建立有效的信息渠道，以提供及时可信的信息来源；构建和谐的劳资关系；建立积极的企业文化，明确企业的共同愿景，鼓励员工参与企业文化的建设，将企业的发展目标与员工的个人发展联系起来，培育他们的责任感与使命感；等等。以上种种措施是基于西方的劳资关系处理以及"人本管理"的思想，着重从管理的视角看待企业与员工关系，虽然在实际工作中取得了一定效果，但是由于企业与员工各自都是理性的"人"，当自身"利益"无法满足时，二者的关系仍旧存在危机，随时都会出现前述的员工离职现象。究竟如何才能更有效地认识和处理企业与员工关系呢？这成为企业目前亟待解决的问题。

从 20 世纪 60 年代开始，组织行为学领域就已经开始对企业与员工之间的关系进行研究。西方学者认为，企业与员工的关系是企业与员工因为某种工作合同而带来的权利与义务，在合同执行过程中，二者存在管理与被管理的关系，这主要体现在工作上的合作与冲突以及沟通、激励等方面[2]。从现有文献来看，社会交换、互惠和互动公平三大社会学理论是学者探讨企业与员工关系的主要基础理论。

古典经济学家认为，人是理性的，在与别人进行市场交易的时候，利润最大化或者效用最大化是他们追求的唯一目标。与之相反，社会学家认为，虽然在竞争性市场中，人们进行的是自由选择，但由于信息收集的限制，人们往往不能理性面对选择，即最大化利润或者效用的动机无法实现。社会学家正是因为看到了古典经济学的缺陷，在研究过程中，对借用来的理论进行了修正，形成了系统的社会交换理论[3]。互惠理论关注的是人们在关系建立时形成的机制，强调关系双方对待对方的形式是否为优，即强调自身在获取所需资源时是否会给对方带来想要的资源[4]。由于在交易过程中，交易双方对对方总是有利的，并且，对对方的帮助也会采取积极态度给予回应，因此，二者的互惠行为会促使关系的加深[5]。互动公平理论关注交易双方在交易过程中是否对对方是公平的，公平与否则依赖于个体对交往质量的评估，而不是对交易结果的评估，当个体觉得信息接收、决策过程等都是被对方尊重和看重的，那么其就会有一个极好的交易体验，并且认为交易是公平的。总的来说，三种社会学理论都否定了理性，并且认为个体的选择具有主观性。

从上述回顾可以看出，现有企业与员工关系研究是基于多种理论进行的，研究内容涵盖了对二者关系现象的描述、关系机制的探讨以及关系演变结果等多个方面的内容。但是，这并不意味着企业与员工的关系研究已经完全成熟并且趋于稳定。无论是理论上还是研究视角上，都存在诸多问题，这些问题对学者理解企业与员工关系的实质以及对企业正确处理运行过程中雇佣关系的实际问题都有较大的限制性。归纳现有文献的局限，可以得到以下四点总结。

第一，在对企业与员工的关系进行现象和理论分析时，学者提出的各种理论和研究视角都仅仅从某个企业实际问题进行，现有的理论并未形成系统，还仅限于从问题的侧面描述，并不能解释和解决每一个雇佣关系问题，这就造成现有研究仍然缺乏一个被多数研究者广泛接受的、统一的企业与员工关系理论。

第二，大多数已有的企业与员工关系研究都集中在双方付出和回报的核心思想上。但是，究竟什么样的条件能够同时满足企业与员工的需要，进而达到二者关系的平衡和稳定一直未有深入的研究，这为本书的研究提供了机会。

第三，心理契约作为社会交换理论中研究企业与员工关系的重要视角，为二者关系研究开辟了崭新的道路，能够从非经济性因素出发、从情感角度进行深刻的认识，为企业与员工关系的研究做出了巨大贡献。但过于强调心理契约的重要性，又忽略了经济性因素，显然是不合适的。心理契约破裂是心理契约研究的一个重要分支，是企业与员工关系中真正并一直存在的现象，目前对心理契约破裂的研究显然不如心理契约研究来得深刻和丰富。

第四，企业与员工关系研究已有学者从双边视角展开，但仅仅是对企业或员工单一视角关系认识的一个整合，缺乏从系统层面认识二者的关系。

二、研究意义

共生理论原本是生物学领域中的概念，后来被逐步拓展到社会科学的研究中，并逐渐被经济管理领域的学者在研究管理问题时所采纳，它为我们提供了一个分析具体管理问题的独特工具。

对于构建何种模式的企业与员工关系，目前仍存在较大的争议，采用什么样的企业与员工关系模式、企业与员工关系是否可以持久发展等问题主要由经济体制环境所决定，研究企业与员工的关系时，必须结合企业的实际情况。因此，对企业与员工共生关系进行全面系统的分析具有很强的理论意义和实践意义。

1. 理论意义

明晰了心理契约破裂模型及其动态性。针对目前国内外学者对心理契约破裂概念研究尚未达成统一的现状，本书的研究界定了心理契约破裂概念并对其进行测量量表开发，检验了心理契约破裂模型并讨论了其动态演变过程。

系统分析了心理契约破裂对企业与员工共生关系的影响。本书的研究针对"心理契约破裂对企业与员工共生关系的影响"这一问题深入了解企业和员工共生关系模式，剖析了心理契约破裂对企业与员工共生关系整体和各阶段的影响，丰富和深化了企业与员工的关系研究。

本书的研究，建立了基于心理契约破裂的企业与员工共生关系 Logistic 模型，重点分析了心理契约破裂在企业与员工共生中的作用机制，并通过 MATLAB 数值仿真技术对模型进行验证和深入探讨，结合模型分析结果和仿真结果为企业人力资源管理提出了相应的对策。

2. 实践意义

为企业评判心理契约破裂现状提供评价指标。心理契约破裂模型的研究对于帮助企业评估员工心理契约破裂具有重要的指导性意义。具体来讲，企业在实施员工管理的过程中，为了通过有效履行心理契约来满足员工的需求、达到留住员工的目的，管理者可以依据心理契约破裂所包含的维度来了解员工对目前心理契约实施和管理情况的评价，并做出有针对性的完善和改进。

为促进企业与员工共同发展提供理论依据，从理论上系统研究基于心理契约破裂的企业与员工共生关系，包括企业与员工共生关系的界定、共生模型的构建等。企业在制定人力资源管理制度的过程中可以更加清楚地了解企业与员工的共生关系，从而可以依据企业与员工的共生发展规律制定更加行之有效的管理方案和统筹规划，更好地促进现代企业人力资源管理的发展。

第二节 研究问题的提出

一、共生理论中"共生"的两个特征

特征一是共生促进主体间互利共生、和谐发展的生存状态和生存模式。关系形成后，关系主体之间产生的良性关系即为共生。这种共生强调的是互利共赢，因为有互利的关系才是共生，反之，一方获利时对对方产生危害就会导致消亡[6]。需要指出的是，这里的共生对于关系双方的差异性并没有予以否定，对于关系双方的竞争也没有不认同，只是这里的竞争区别于二者的对立关系，否定强者的压制性。竞争中的和谐和关系融洽是共生的实质，强者提携弱者进行协同发展，甚至弱者实力大增，比强者更具有实力，这都是共生，这种共生具体表现为进步和发展的同步性。

特征二是共生关系中强者追求利益独享，破坏主体间的"共生"。与特征一中的"共生"相反，这里的强者无限追求自身力量的增大，权利的专享，这种"强者"的思想是阻碍共生的绊脚石。虽然关系双方中的弱势一方强烈苛求齐进步、共发展，但是强势的一方却因自身资源优势而独占利益和权利，而且要求弱势一方与之分享利益。可见，强者自身利益的实现必须以整体利益为前提，如果强势一方没有这种整体利益感知，则共生将无法进行下去，只有当强势一方具有共同利益感知时，共生才会继续存在。

本书研究的"共生"指共生关系中强者追求利益独享，破坏主体间的共生关系。其具有两个层面的意思：一个层面指的是独立的关系主体之间在同一时间、同一事件中必须是共存的；另一个层面指的是关系主体之间的共存是因为各自的需要而存在的，并且随着时间变化而动态发展的。

二、企业与员工关系中心理契约破裂的预防

组织行为中的企业与员工之间的关系与生物界种群之间的关系极为类

似。企业与员工由于外部因素或市场演变力量的作用而集结在一起形成集群，在一定的环境下共同生存和协同进化，达到共同发展的目的。这就像企业与员工模仿了自然生态中生物种群之间的共生关系，因而可以运用生物学中的模型来描述这种企业与员工的共生关系。

企业在员工关系管理方面面临着新的和更为复杂的形势，员工的心理契约破裂已经不可避免地影响企业人力资源稳定和发展，成为企业必须认真面对和着力解决的重大现实问题[7]。对员工而言，他们从进入企业开始，心理契约破裂就一直或隐或明地存在，当心理契约破裂明显地存在时，其将降低员工工作的满意度，进而减少工作的情感投入，最终影响到工作产出，甚至出现员工的离职现象，这都会对企业最终目标的实现产生巨大影响[8]。可见，认识和预防企业员工心理契约破裂问题显得尤为重要。通过这种研究，分析和认识心理契约破裂的负面影响，更重要的是，研究得出的观点和结论可以引导企业从预防员工的心理契约破裂入手，寻求避免心理契约破裂可能造成的损失和负面影响的方法和对策措施。

三、主要解决的问题

综上所述，将共生理论引入企业与员工关系的研究可以为企业与员工关系提供一种新的解释工具和新的研究视角，使对企业与员工关系的研究更为全面和深入。本书的研究工作主要解决的问题为：如何充分利用共生理论和 Logistic 模型，同时引入心理契约破裂要素，开展企业与员工共生关系模型的构建与模型的稳定性分析，以及根据研究成果为企业提供建议。

第三节　研究内容、研究方法及结构安排

一、研究内容

员工在某个具体的方面都有自己的专业知识，如果把他们看成一个整

体，可以说，员工是企业的资源储备，是企业发展的后备力量，他们具有较强的创新实践能力，当他们形成一个良好的团队时，将产出巨大的经济效益。由于工作量化并非那么公正化，并且员工的付出也具有差异性，每个员工自身的内心诉求也不会相同，所以企业很难满足员工的期望。当员工感觉其得到的效用与实际付出存在落差时，员工便会产生对抗心理，工作偷懒不可避免地发生，当落差达到员工的最大忍受值时，员工的离职想法便会产生，当企业没有意识到这种问题时，将对企业产出带来很大负面影响。因此，员工对于企业的发展起到了决定性的重要作用。

为此，本书将研究内容聚焦到：基于心理契约破裂的企业与员工共生关系仿真模型构建及其应用的关键技术和方法研究方面。利用已有的Logistic模型，研究将从基本的企业与员工共生关系 Logistic 模型构建及稳定性分析，到引入心理契约破裂因素的企业与员工共生关系 Logistic 模型的构建及稳定性分析，系统地研究企业与员工的共生关系，并通过不同模型间的对比，指出心理契约破裂在员工和企业关系中的作用机理以及对共生关系演变带来的影响，在此基础上分析其原因，为企业人力资源管理实践提供理论依据。

本书的研究内容可以具体分为以下六个部分。

1. 文献述评和理论研究基础的回顾

从企业与员工关系的研究出发，援引共生理论运用在分析二者关系上；结合 Logistic 模型建模技术，引入心理契约破裂要素，研究分析：共生理论中的 Logistic 模型建模技术在企业与员工共生关系研究中的应用和发展，并在此基础上论述基于心理契约破裂的企业与员工共生关系解决方法的合理性和可行性。

2. 共生理论在企业与员工关系中的运用

无论是人类社会还是自然界都存在激烈的生存斗争，生物学家在长期的研究中捕捉到了生物与环境以及生物与生物的关系。生物学作为一门研究生物以及生物和环境的学科，与人类社会有着密切的联系，是自然科学与社会科学的交集。人类社会作为生态环境中的一个特殊群体，随着生物科学研究的深入，越来越多的生态科研成果应用到了社会科学和经济领域。生物学中的各种思想和成果已经成为研究人类社会的重要基石，共生理论作为生物学中的代表性理论已在人文社会学科的研究中得到广泛应用。

企业与员工的关系是万千社会关系和生物关系的一种，这些关系的发展也遵循了生物学中生物的发展规律，生物学的各种理论也恰到好处地指导了人类社会的进化发展。本书研究的企业与员工同样遵循生物学中生物的发展规律，主体要素间关系的优劣直接关系到整个系统的效益，对企业的存在和发展起主导作用，所以用共生理论来研究这些关系是迫切和必要的。而各种要素所组成的企业系统在动态性、系统性、竞争性等方面都与生态学理论有着双向契合性，这为共生理论在这方面的应用提供了依据。

3. 心理契约破裂模型及其动态演变的分析

心理契约破裂作为心理契约的一种特殊形式，目前国内外较多文献已有涉足，在借鉴国内外相关研究成果的基础上，本书选择主要的心理契约破裂内容要素以及对样本企业员工的定性访谈结果作为问卷条目，并以此作为心理契约破裂的测量工具，测度员工心理契约破裂的基本水平，包括交易型心理契约破裂、人际关系型心理契约破裂、工作支持型心理契约破裂和发展心理契约破裂。心理契约破裂模型是对员工感知心理契约破裂演进过程的简化与抽象。

心理契约破裂模型中四个构成因素之间的关系演进过程遵循在时间上的动态发展性，即由交易型心理契约破裂肇始，演化到人际关系型心理契约破裂，再到工作支持型心理契约破裂，最后是发展型心理契约破裂。

4. 心理契约破裂对企业与员工共生关系的影响

首先将共生理论的共生关系分析方法应用到对企业与员工共生关系研究当中。将企业与员工共生关系分成两个模式，即企业与员工共生关系的组织模式和企业与员工共生关系的行为模式进行分析。其中企业与员工共生关系的组织模式分为点共生模式、间歇共生模式、连续共生模式以及一体化共生模式，企业与员工共生关系的行为模式分为寄生模式、偏利共生模式、非对称性互惠共生模式以及对称性互惠共生模式。企业与员工共生模式所体现出的任何一种形态都是由组织模式和行为模式共同决定的，因此，企业与员工共生模式的表现形态可组合成十六种状态，而这十六种状态体现在企业与员工共生关系的基本模式中。

除了从总体上估量心理契约破裂对企业与员工共生关系的负面影响之外，还将以心理契约破裂的主观认知本质作为出发点，着重分析心理契约破裂对企业与员工共生关系各阶段的负面影响。目的在于深入了解企业与员工共生关系各阶段的不同心理契约破裂构成维度的影响差异。

5. 企业与员工共生关系 Logistic 模型

构建企业与员工共生关系 Logistic 模型是本书研究的核心目的之一。首先，确定构建企业与员工共生关系 Logistic 模型的基本原则；其次，构建企业与员工共生关系 Logistic 模型以及在不同的共生关系模式下的 Logistic 模型变形，并对模型的稳定性做出分析，力图用数学语言诠释企业与员工的共生关系；最后，仿真模拟各个企业与员工共生关系 Logistic 模型的变化趋势。

6. 基于心理契约破裂的企业与员工共生关系扩展 Logistic 模型

鉴于企业与员工共生关系 Logistic 模型的局限性，研究进一步引入心理契约破裂参数，构建基于心理契约破裂的企业与员工共生关系扩展 Logistic 模型。首先，对不同共生关系模式下的企业与员工共生关系扩展 Logistic 模型及其稳定性进行分析；其次，对企业与员工共生关系 Logistic 模型和企业与员工共生关系扩展 Logistic 模型的稳定性进行对比分析；最后，仿真模拟了企业与员工共生关系 Logistic 模型的变化趋势。

二、研究方法

本书综合运用多种研究方法对拟解决的研究问题展开研究，包括以下四种方法。

1. 定性分析方法

首先，本书对心理契约破裂、企业与员工共生关系的研究文献以及相关理论进行了综述和回顾，为后续研究问题的解决提供理论支撑；其次，本书还对员工采取了深度访谈，从中得到对研究概念内涵的现实资料支持。

2. 结构方程分析方法

本书对心理契约破裂概念的内涵、构成以及本书的主要研究模型即心理契约破裂对企业与员工共生关系的影响进行了研究，通过统计分析方法和统计分析软件 SPSS16.0，检验研究模型中变量的信度和效度；通过结构方程分析法和软件 LISREL8.7，检验研究模型中的假设。

3. Logistic 模型分析方法

本书对企业与员工共生关系研究采用了 Logistic 模型分析技术，构建了企业与员工共生关系 Logistic 模型，以及引入心理契约破裂要素的企业与员工共生关系扩展 Logistic 模型，并对两个 Logistic 模型进行了稳定性分析和对比分析。

4. MATLAB 数值仿真技术

本书应用 MATLAB 数值仿真技术，对企业与员工共生关系 Logistic 模型及扩展 Logistic 模型进行了仿真分析，对模型的变化趋势做出了讨论。

三、结构安排

本书的后续部分安排如下：第二章是文献述评和理论研究基础；第三章是共生理论在企业与员工关系中的运用；第四章是心理契约破裂模型及动态演变分析；第五章是心理契约破裂对企业与员工共生关系的影响；第六章是企业与员工共生关系 Logistic 模型；第七章是基于心理契约破裂的企业与员工共生关系扩展 Logistic 模型；最后是结论。

第二章　文献述评和理论研究基础

第一节　企业与员工关系

一、企业与员工关系研究的理论基础

企业与员工关系研究的理论基础有社会学中的社会交换理论、互惠理论、公平理论和价值观理论，本小节将对这些相关理论分别进行梳理及述评。

1. 社会交换理论

20 世纪 60 年代兴起于美国的社会交换理论是当代西方社会学的理论流派之一，它源于社会学家们对古典经济学功利主义假设的借用和修正。社会交换理论认为：从本质上来讲，人类的一切活动都属于交换活动，人类交往是以付出和回报彼此相等为基础来进行的。该理论的核心原则是"互惠"，其强调社会心理在人类行为活动中的作用。同时，该理论还强调了激励（例如，奖励或报酬等）对人类行为活动的作用，且这种激励并不仅限于物质激励，也有可能是情感支持（例如，安慰及表扬等）与社会财富（例如，名誉及地位等）。

基于社会交换理论的相关研究，学者们提出了心理契约理论。该理论的基本假设是，组织与员工间的关系是一种互惠互利的关系，双方需要相互的付出才能得到一定的收益或报酬。如果彼此的收益或者报酬相等，那么这种互惠互利关系得以维持长久，但是只要有一方在交易活动中感知自己的付出低于得到的收益，受到了不公正的待遇，就会对彼此互惠互利的

关系造成消极影响，关系难以继续维持。当然，这种相互间的交换关系并不仅仅是明确的经济交换关系，如组织为员工支付工资，员工为组织提供劳动；相互间的交换关系还包括一些非物质的精神性交换，如组织与员工间形成信任的伙伴关系等[9]。

Barnard（1938）提出企业和员工关系是指企业对员工的投入与员工回报之间的社会交换关系，这种关系既包括类似于金钱的经济性交换，又包括类似于情感的非物质性交换。当员工内心认为企业给予自己的投入大于自己对企业的付出，同时企业也认为员工对自己的回报大于或者等于自己的投入时，企业和员工的关系才能得到健康稳定的发展。基于此，本书认为，企业管理人员必须要了解员工的期望，并合理地塑造员工的期望，为员工提供恰当的回报，实现企业和员工共同发展的目标。

社会交换有四个基本要素：一是目标，即行动者的预期；二是支付，即行动者向交换对象提供行动或给予报酬；三是回报，即接受支付的对象对行动者做出的酬谢，这种酬谢可以是物质的也可以是非物质的；四是交换，即预期目标和回报的等值化水平[10]。

2. 互惠理论

互惠是人类活动的起始机制，它要求互惠双方能相互优待彼此；它假设互惠一方在提供另一方所需资源的同时能得到一定的回报。在长时间互惠行为的驱动下，互惠双方的交换关系将会得到加强。基于互惠原则，个人会积极回报来自他人的帮助。近几年来，组织行为学方面的学者都认为雇佣关系的实质就是员工努力工作同组织提供物质和精神回报之间的一种交换关系[11]。Aselage 和 Eisenberger（2003）认为，这一特征强调了组织想要获得满意的产出必须通过善待员工来实现[12]。在组织内部的社会交换当中，互惠原则意味着组织应该创造条件让员工能够从组织中获取利益，而不是单方面要求员工努力付出，也就是说，组织必须在互惠的原则下取得利益最大化的目标。本书认为，如果企业和员工在交换关系当中都遵循互惠的原则，那么彼此双方都能受到优待，这样，员工就能够从工作当中获取积极的情绪体验；企业也可以获得较高的员工承诺、工作绩效，以及较低的离职倾向。

3. 公平理论

公平理论是20世纪60年代美国心理学家亚当斯（J. S. Adams）提出来的，也有学者称之为社会比较理论。该理论认为一个人不仅关注自身的投入与产出之比，而且会拿自己的投入和产出同他人或者自己的过去比较。如果他主观上认为自己的投入和产出之比同他人相等时就会产生公平感知，如果不相等就会产生不公平感知。也就是交换双方追求的不是"绝对"的对等，而是注重比较之后的公平。通常，员工同他人收入产出的对比用以下方程式表示：

$$O_p/I_p = O_r/I_r \text{ 公平（公平感知）}$$

$$O_p/I_p < O_r/I_r \text{ 不公平（不公平感知）}$$

$$O_p/I_p > O_r/I_r \text{ 不公平（内疚感知）}$$

方程式中"O"代表自身所得回报，即对付出后所得到的工资、福利、奖励、机会、成就感等的感知评价；"I"代表投入，即对自身工龄、受教育程度、资历、贡献等的主观估计。"O_p"代表自己对现在所获报酬的感觉，"O_r"代表自己对他人所获报酬的感觉；"I_p"代表自己对个人所做投入的感觉，"I_r"代表自己对他人所做投入的感觉。

公平理论也是以"互惠原则"为基础的，员工通过自身投入与组织对其物质和精神回报相比较，如果员工在比较当中，认为投入和回报大致相等就会产生公平感知，内心得到平衡，心理契约得到满足；如果员工认为自身贡献的价值低于得到的回报，或者低于别人得到的组织回报就会产生不公平的感知，为了减少不公平感知或降低不公平的程度，员工就会产生抱怨、愤怒等消极情绪，更有甚者会减少自身对组织的投入来获取公平感知；如果员工认为自身的贡献低于组织给予的回报（这种人较少），就会产生愧疚感，为了达到公平，其就会增加对组织的投入来回报组织，使投入和回报达到平衡。

20世纪80年代后期，Moag（1986）开始强调人际互动和沟通对交换过程中公平感的影响，即所谓的"互动公平"[13]。Folger（1998）认为，组织中的决策由正式的组织约束和非正式的互动关系组成[14]。互动公平又名交际公平，是个体对人与人之间交互质量的一种评价。个体关注在社会交换过程中自身被对待的体验，如果个体在社会交换过程中能够有机会提出意见、被人尊重、参与决策，即使最终的分配结果不够公平，个体依旧会产生公平感知。

4. 价值观理论

个体的比较同其个人的主观判断相关，这种比较也是一种主观上的价值评价过程。价值是价值观的一个核心内容，价值是通常所说的意义或作用，如果某件事情对人有意义或作用，那么这件事情就是有价值的，且意义或作用的大小决定了价值的大小。价值观即人们对待事物价值看法的总体态度。

自20世纪20年代，就有学者从社会心理学的角度对价值观展开研究，但是对于价值观的概念还存在一些分歧。有学者认为，价值观是人们在处理日常事务当中所持有的立场、观点和态度的总和；也有学者认为价值观是人们对价值的特殊观念。20世纪50年代，经过长期的研究，学者们对价值观的概念和内涵的理解趋于一致，认为价值观是一种认知形式，它不同于科学知识和事实评价，它是以人为中心的，是人们在长期社会交换过程中形成的一种信念、理想和信仰。因此，价值观是个体进行判断的标准，会指引人的行为活动，且在实践活动中，基于时间、地点的不同，同一个人对同一件事情的价值评价可能存在差异。

价值观是个体或群体具有代表性的特征，有正误之分，会影响人们行为活动的方式、手段和目的的选择，正确的价值观引导人积极、健康地生活；错误的价值观带领人走向消极、颓废的边缘。价值观具有行动引导性和动机激发性的特征[15]，一旦形成，会对人的行为活动起到极大的作用。价值观会影响个体的感知形成过程，使人对外来刺激的感觉和知觉同其价值构念保持一致[16]。更重要的是，价值观可以通过引导、鼓励个体采取同价值观一致的行为，广泛地影响个体的思维决策、价值评价和情景感知[17]。在组织行为中，组织和员工彼此都要相互付出并得到回报，他们之间是互惠互利的交换关系。在这种交换关系当中，交换过程中的投入和回报并不像经济交换那样明确、具体，但是个体内心会以价值观为基础对这种投入和回报关系进行衡量。因此，员工并不以获取直接的经济回报为唯一目标，根据马斯洛的需求层次理论，员工在基本需求得到满足之后会追求更高一层的目标（例如，自尊、自我实现等），员工的主观价值评价决定了社会比较的公平与否。

二、企业与员工关系的研究视角

本书所研究的企业与员工关系的定义同劳动关系的定义既有一定的联系，又存在一定的差别。劳动关系从广义上来讲是指，所有的劳动者同任何性质的用人单位之间由于存在投入和产出的社会交换关系，都是劳动关系[18]；从狭义上讲，经济生活中的劳动关系，是指国家法律和法规承认的劳动法律关系[19]，即国家劳动法律法规约束关系双方的权利和义务。企业和员工关系是指员工—组织之间因员工提供劳动，组织提供报酬而形成的社会交换关系[20]。这种社会关系既包括经济交换，也包括非经济交换。目前，企业与员工关系的研究主要从以下三个视角展开。

1. 员工视角的企业与员工关系研究

企业与员工关系存在正式的合同契约关系和非正式的心理契约关系。在有正式合同契约的员工中，大家对相关的保障体系不如非正式契约员工对保障体系渴望程度高，非正式契约的员工更多关注企业在报酬方面是否给予公平的对待。正是因为有了这一系列问题的存在，无论是心理学、管理学还是组织行为学和人力资源方面的研究者们都对此颇感兴趣，所以心理契约的重要性也随之凸显出来。

Jia 等（2014）在社会—结构的视角下，开发了一个关于员工—组织关系（EORs）与团队创造力的关系。研究表明，在相互投资提高员工—组织关系的方法中，雇主期望员工具有较高水平的贡献并且会提供诱因，与其他提高员工—组织关系的方法相比，能够带来更高的团队创造力。此外，团队成员之间工作沟通密度作为前述关系的调节变量，发现当团队成员的任务非常复杂时，这种调节的关系会更强。[21]

Sa 等（2014）探讨了员工发展和对组织的满意度之间的关系，更全面地了解员工的发展如何对一个组织的成功做出贡献。研究发现，员工发展与员工感知组织满意度有显著的正向关系。相反，要提高员工的组织满意度，提供一个真正的机会去提高雇员技能比其他任何维度的积极作用对员工发展要有更大的影响。[22]

2. 组织视角的企业与员工关系研究

Barnard（1938）提出了著名的诱因/贡献理论，前者是指组织为个人提供的报酬，后者是指员工因为组织诱因而回报给组织的努力和牺牲。该理论认为，员工对于组织的贡献程度取决于组织提供的诱因的大小，只有当组织提供的诱因是员工期望的或者超过了员工期望时，员工才愿意为组织目标的实现继续做出贡献[2]。Tsui 等（1995）对组织投入和员工贡献重新进行了定义，指出组织投入是指组织对员工的投入，员工贡献是指组织为了长远发展而期望员工做出的贡献，在此基础上他建立了投入/贡献模型[23]。依据该模型，一方面指组织为员工提供短期的、纯经济型投入来换取员工贡献，双方都不期待更为长久的契约关系；另一方面指组织和员工之间的责任和义务是宽泛的，组织为员工提供的投入超过了短期的经济收益，同样员工履行的组织义务也不仅仅是本职以内的工作任务。基于对员工和组织双方投入与贡献平衡水平及相互间交换性质的进一步研究，Tsui 等（1997）在以前研究的基础之上，提出了临时合同关系、相互投资关系、过渡投资关系和投资不足关系四种员工与组织关系类型[24]，更加清晰了员工—组织关系的类型。

Koh 和 Yer（2000）在 Tsui 等（1997）研究框架下，指出在诱发临时员工贡献中员工—组织关系的重要性[25]。在交互贡献和整体贡献关系下，临时员工拥有较好的工作绩效，对组织有较高水平的积极承诺，能够改进工作满意度，感知到较高的公平性和工作选择权利，以及较低的工作变动意向。Shen（2011）针对组织—员工关系维系战略开发了一个新的测量工具，包含六个要素：开放、团队工作、承诺、分配式谈判、预防和妥协，用以评价组织—员工关系质量[26]。Ganga S Dhanesh（2014）指出企业社会责任（CSR）作为一个关系管理策略，可以加强组织和员工之间的人际关系[27]。徐志静（2016）从组织视角研究了员工—组织关系对员工敬业度的影响和组织支持感对员工—组织关系与员工敬业度的中介作用，认为组织的诱因积极影响员工的敬业度，诱因高低会影响组织对员工期望的贡献与员工的组织支持感的关系[28]。

3. 双向视角的企业与员工关系研究

从员工—组织双向视角对员工—组织关系进行的相关研究比较少。国外研究比较典型的是 Jacqueline A M 和 Coyle Shapiro（2002）基于互惠原则对员工—组织关系进行的研究[7]，从组织—员工双向视角研究了交换关系中的互惠原则。研究结果表明：基于员工角度，员工在首次调查中对组织责任和自身责任的认知分别同其在第二次调查中对自身责任和组织责任的认知存在正相关关系；基于组织角度，主管人员在首次调查中对组织责任和员工责任的认知分别显著正向影响其在第二次调查中对组织责任和员工责任的认知。

Fitzsimmons 和 Stamper（2014）探查了社会文化对员工—组织关系冲突的影响，从个人的工作动机和组织的员工—组织关系战略两个层面开展研究。研究发现，在实践中积极改进人力资源管理适应社会文化的企业将会降低经历员工—组织关系冲突的可能性。[29]

国内基于双向视角的相关研究，比较著名的是陈维政等（2005）的 I – P/S 模型[30]，吴继红等（2009）基于社会交换理论来研究双向视角员工—组织关系的 I – P/C 模型[31]。陈维政等（2005）基于双向视角的员工—组织关系研究构建了 I – P/S 模型。I、P、S 分别是指组织对员工的投入、员工的绩效和满意度。该模型认为组织投入正向影响员工回报，但是实证研究发现组织投入和员工的绩效及满意度不存在显著关系，且员工绩效和满意度的关系也不明显。在 I – P/S 模型的基础上，吴继红等（2009）构建了双向视角的员工—组织关系 I – P/C 模型，该模型将组织投入分为物质投入和发展性投入两种，考察员工绩效的主要指标为任务绩效和组织公民行为，同时不同于 I – P/S 模型，在 I – P/C 模型中组织投入的结果变量是组织承诺而不是满意度。之后，她进行实地问卷调研，测量主管的问卷变量包括组织投入、领导—成员关系、员工的任务绩效、组织公民行为及公司绩效等；测量员工的问卷变量包括员工的组织支持认知、领导—成员关系、组织承诺、工作满意感等；之后的研究结果证实：组织的物质性和发展性两种投入都显著正向影响工作绩效，且后者还积极影响组织承诺，但是组织承诺对工作绩效的影响路径没有通过显著性检验。蔡惠如

（2016）认为组织认知和职业承诺在员工组织关系中起链式中介作用影响员工的工作绩效和工作满意度。组织提供的回报和期望的贡献对工作绩效、工作满意度和员工的职业承诺有正向影响。职业承诺作为重要的工作动机，在员工—组织关系、员工工作满意度和工作绩效中起中介作用。在雇佣双方期望改变之下，雇主可以通过雇佣关系影响员工职业承诺作用于员工态度和行为[32]。杨睿（2018）扩展了员工—组织关系建设策略——组织投资的范畴，验证了经济交换和社会交换关系之外的共有型员工—组织关系，发现其对员工积极组织行为有增量影响[33]。并从员工的组织认同与组织承诺分析了员工—组织关系建设对于工作投入与留任意愿的影响机制。

三、文献述评

目前理论界探讨企业与员工关系的理论非常丰富，社会学领域的社会交换理论、管理学方面的公平理论和期望理论、领导—部属交换理论及组织支持、经济学领域的成本交易理论、心理学研究的认知图式理论、法学中的契约理论等，均为研究企业和员工关系奠定了理论基础。从研究视角看，员工或企业的单边研究视角，企业与员工的双边研究视角均有涉及。

从现有研究成果来看，对企业与员工关系的研究要么是从经济因素入手，要么是基于非经济因素，综合考虑经济和非经济因素的理论尚未出现。此外，从企业与员工双边视角研究二者关系的还比较少，理论基础薄弱。随着企业的逐步发展壮大，对企业与员工关系理论提出了更高的标准与要求，在这种背景下，如何构建符合现实情境的企业与员工关系管理理论显得极为紧迫。

第二节 共生理论及其运用

一、共生与共生理论演进

"共生"来源于希腊语，由德国生物学家 A E Douglas（1879）提出，用于描述不同物种按照某种物质联系而生活在一起[34]。共生应该具备三个要素：共生单元、共生关系和共生环境。其中，共生单元是基础，共生关系是关键，共生环境是外部条件。可以说，共生关系的存在都是由共生单元、共生关系和共生环境相互作用所产生的。

在共生概念提出以后，经济学家、社会学家开始探寻共生现象在社会生活中的存在，尝试将共生理论应用到经济生活中[35]。其中较为先导和成熟的研究就是"工业共生"概念的提出。"工业共生"是指不同企业为了提高生存和获利能力，相互交换和利用物质建立合作关系，实现资源高效利用。随后，众多学者对"工业共生"概念进行了修正和完善，也进一步对共生关系的内涵有了更充分的理解和认知[36-39]。

二、共生理论在企业中的运用

袁纯清（1998）将共生概念引入社会科学领域，并指出共生不仅是生物现象，同时也可以是社会现象[40-41]。21世纪以来，将共生理论应用到企业中进行的研究取得了巨大突破，这些研究为企业构建共生理念、变革管理思想、进行战略调整做出了贡献。企业共生系统是指，相互独立的企业主体之间，由于同类资源共享或者异类资源互补所形成的共生体导致企业间内部或外部之间的直接或间接联系。这种共生关系实现了资源的合理配置，能为共生系统中的企业带来效益，同时也能推动企业进化和提高社会福利。企业共生的研究主要基于以下三个视角。

1. 基于共生效益的视角

基于共生效益视角的研究认为，同类企业作为资源的直接竞争者，它们之间存在明显的竞争关系。但是，求同存异的原则迫使企业为了生存而寻求共生，相互之间形成企业共生体。在共生的过程中，共生体当中的企业通过资源、信息共享增强自身的核心竞争力，增加企业利润，共生体中的成员共同发展市场[42]。企业间组织共生关系分为四种，即共享共生、变异共生、互补共生、交易共生。企业间结成不同种类的共生体，可以降低发展风险和交易成本，提高竞争力和利润，向协同进化演进。

2. 基于交易费用的视角

William 等（2000）认为决定交易费用的三个因素是资产专用性、交易频率和不确定性。资产专用性是指已经投入生产的资产进行再配置的难易程度；交易频率是指企业进行社会交换的次数；不确定性是指企业所处环境的动态性。将这三者应用到企业共生当中，意义重大。在产业发展过程中，企业为了降低交易成本，获取溢出收益，往往形成分工与合作的产业共生体[25]。如果企业的原材料、资金以及供应商专用性程度较低，那么企业的卖家或者买家就很容易在市场上找到可替代的交易伙伴，造成企业发展的不稳定。相关企业为了保证企业有序、稳定的发展，就必须增加费用弥补不足，这就导致企业成本的上升，市场竞争力受损，阻碍企业间形成共生关系[43]。提高企业资产的专用性，增加交易频率可以提高企业间的依赖程度，减少市场交易的不确定性，能够促使企业共生关系的构建[44]。

3. 基于进化论的视角

生物进化理论是组织演化相关研究的理论基础，共生理论替代了达尔文和拉马克的进化论，成为研究企业演化的新的理论基础。基于进化论的研究视角，学者们探究了企业共生的机理，研究发现企业共生是一个从简单到复杂、从不稳定到稳定、从局部最优到全局最优的进化过程[45]。企业共生进化的过程是一个螺旋式上升的过程，在上升过程中不断采纳新技术、新设备，吸纳新员工，淘汰落后的技术、设备和员工，使共生体逐步趋于稳定，促进共生体的不断演进[46]。张清辉、李敏（2014）研究了在不同的生命周期阶段，企业协同创新对不同模式的选择，萌芽阶段：这一时期，企业选择点共生模式，寄生的共生行为；成长阶段：这一时期，企业选择间歇共生模式，偏利共生的共生行为；成熟阶段：这一时期，企业根据自身的优劣势自主选择合作，使其继续发展；衰退阶段：这一时期，企业选择寄生、点共生、偏利共生，使其迅速发生蜕变和规避衰退的风险[47]。

三、文献述评

目前，虽然共生理论在经济社会领域内的拓展还很不完善，但已经有许多学者利用共生理论来研究企业共生方面的问题。尽管，共生理论在管理学中的研究已经很多，但研究还不够深刻，现有大多数研究都停留在对共生理论的完善和发展上。因此，在丰富共生理论的研究方法和领域上，还有很大的发展空间。此外，从研究对象上看，多数集中在生态工业园、产业集群、创新网络等比较典型的共生现象，而对企业与员工的关系目前还尚未开展。

第三节　心理契约破裂理论

一、心理契约破裂内涵与成因

Morrison 和 Robinson（1997）认为，导致心理契约破裂的原因是员工并没有按照其约定来完成自身所应尽的义务[48]。与他们相似，Turnley 和 Feldman（1999）也认为心理契约破裂是员工的一种感知，即员工感知到组织未能履行契约中的承诺或责任而产生的一种认知性改变[49]。白艳莉（2013）、马旭军和宗刚（2015）认为心理契约破裂是员工的一种认知评价，当员工感知到未获得组织承诺或责任所给予的东西时，心理契约未被很好地履行，便出现了心理契约破裂现象[50-51]。

21 世纪以来，互联网信息技术和科学新技术的发展导致了企业间竞争的日益加剧，组织裁员、业务流程再造、组织机构调整等手段是保证企业正常运转的方式，而正是这些手段使得员工与组织间的正式契约关系，以及员工对组织的心理契约都产生了相当大的影响[52-55]。不断变革的组织结构、流程、业务内容等也导致传统雇佣模式下的心理契约逐渐瓦解，于是心理契约破裂不可避免。在传统模式下，员工可以通过辛勤工作和对组织忠诚换取稳定的工作保障，但是这种稳定的常态正在被破坏。在这样的大前提下，要想使企业正常运行，我们不得不考虑员工与企业的重组问题，重新建立员工与企业之间的责任与义务。在这样的大环境下，市场宏观环境的不确定性也是导致企业非正常运转的必然因素。一旦员工心理契约中意识到组织没有履行对自己的责任，"心理契约破裂（psychological contract breach）"就产生了。有学者认为，心理契约理论的相关研究正是由于心理契约破裂问题的出现而存在的。

二、心理契约破裂与心理契约违背

20世纪90年代，心理契约破裂和心理契约违背再次成为学者们所关注的课题之一。过去的很多实证研究，都围绕心理契约破裂或者心理契约违背来进行问卷的设计和调查。在这个大环境下，员工自身对企业责任履行的状况以及待人处事的态度和行为成为研究者关注的对象。而很多学者在研究心理契约过程中，很少将"心理契约破裂"和"心理契约违背"两者的概念进行细分[49]。

在2000年以前，学者在研究中没有将"心理契约破裂"和"心理契约违背"的概念划出严格的界限，基本认为两者是一样的。例如，在Robinson 和 Rousseau（1994）、Robinson 及 Kraatz 和 Rousseau（1994）、Robinson 和 Morrison（2000）等较早的研究当中，都认为"心理契约违背"是一个重要变量，将其概念定义为"员工对组织没有履行心理契约内容中的一项或多项组织责任的感知"[56-58]，他们的实证研究结果表明，心理契约违背不是特例而是普遍存在的。Morrison 和 Robinson（1997）针对心理契约违背做了极富开创性的理论分析。这两位学者认为，过去学者的研究普遍认为心理契约违背就是员工感知到组织未能履行心理契约中的组织责任，从本质上讲，这是认知性（cognitive）的心理契约违背，但是单从"违背（violation）"这一词语中我们能感受到它带有个体强烈的情感认识，它不仅仅是认知组织未能履行承诺，而且还夹杂着一个复杂的信息处理和解释的过程。在这基础上，Morrison 和 Robinson（1997）为了更清楚明了地阐述这个信息，他们二人提出了心理契约"破裂（breach）"的概念，并指出心理契约"破裂"和心理契约"违背"之间既有区别也有一定的联系。他们认为，心理契约违背是一种情感体验，它包括对组织的失望、愤怒等情绪，是由于员工感知到组织未能履行责任而产生的。为了更清楚地解释由心理契约破裂到心理契约违背感产生的这一特定过程，Morrison 和 Robinson（1997）以心理契约认知特征为基础，构建了图 2-1 所示的理论模型。

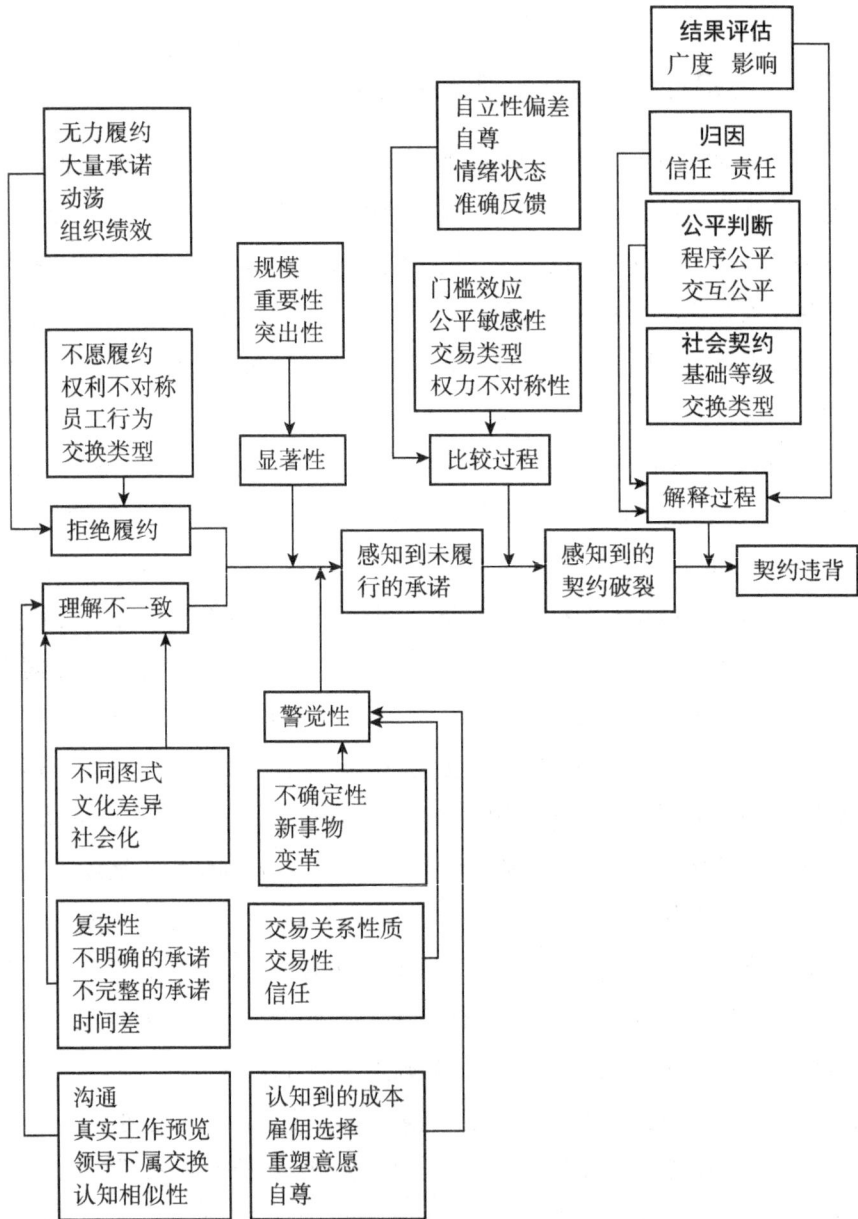

图 2-1　心理契约违背感的发展模型

基于图 2 – 1 的理论模型，可以看出，Morrison 和 Robinson（1997）认为员工产生心理契约违背的原因主要是组织拒绝履约和双方理解不一致。当出现这两种情况以后，员工感知组织未能实际履行组织应尽的员工责任，而后产生心理契约破裂的感知，并最终形成心理契约违背的感知。从开始到员工心理契约违背感知产生的整个过程，都会伴随有员工自身主观上对信息收集和加工方式、手段的影响。

Morrison 和 Robinson（1997）关于心理契约的研究对完善和发展该理论产生了重要影响，对后续关于心理契约破裂和心理契约违背的相关研究做出了重要贡献。依据他们对心理契约破裂和心理契约违背的内涵所做的阐述来看，1997 年以前，Robinson、Rousseau 等所做的关于心理契约违背的研究应该属于对心理契约"破裂"问题的测量和分析。2000 年，Robinson 和 Morrison 进一步对他们在 1997 年提出的理论模型进行实证检验，结果证实了理论模式的有效性，且模型中的大部分变量之间的关系也得到实证支持。

Turnley 和 Feldman（1999）对 Morrison 和 Robinson（1997）阐述的关于心理契约破裂和心理契约违背的概念比较认同，不过不同于 Morrison 和 Robinson 将组织未实际履行组织责任视为心理契约破裂，Turnley 和 Feldman（1999）将这种状况认为是"差异"。员工欲望的根源、导致破裂的根本因素以及个体之间不同的特征这三方面的因素导致员工个体将差异感知为心理契约违背。阐明了员工感知到心理契约违背发生之后的行为会发生的一系列行为反应，且认为违反心理契约与员工行为反应之间的关系会受到个体差异、组织实践和劳动力市场力量这三个方面的影响，如图 2 – 2 所示。

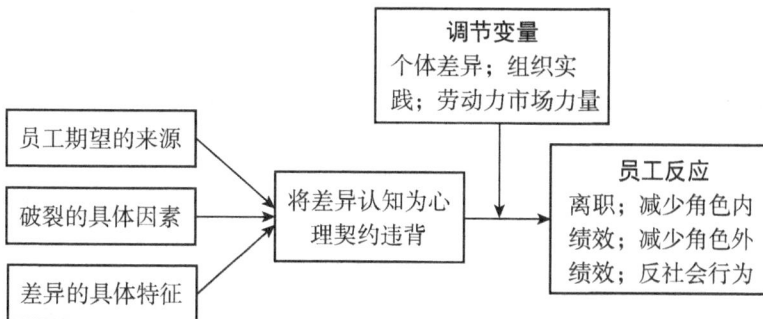

图 2 – 2　认知差异与心理契约违背模型

国内学者对心理契约破裂和心理契约违背也取得了一定的研究成果。如杨杰等（2003）指出心理契约存在破裂和违背的可能，但正强化的可能性也同样存在；同理，二者在时间上不分先后，自然也就不会在认知和情感上存在差异，而是员工对组织未能履行契约的内容和程度存在认知上的差异[59]。何燕珍和张莉（2004）认为当员工认知到心理契约受到破坏时，是否表现出愤怒、失误等消极情绪主要取决于其对心理契约破坏的解释，这个解释的过程会受到归因和公平因素的影响[60]。沈伊默和袁登华（2007）同 Morrison 和 Robinson（1997）在心理契约破裂和心理契约违背概念上持有相似的观点，即心理契约破裂着重于认知性的感受，是因为员工认知到组织未能履行心理契约中的承诺或责任而产生的；心理契约违背强调的是情绪性感受，是因为员工感受到组织违背心理契约而产生的情绪[61]。曹威麟和陈文江（2007）认为，员工对组织产生的心理契约破裂和心理契约违背虽然不存在时间上的先后顺序，但是这两个可以产生一些心理和行为反应，情感体验、态度和行为反应程度可能会有所不同[62]。心理契约违背是员工对组织不能或者不愿意提供相应的承诺的感知判断；心理契约破裂强调的是二者的关系完全摧毁决裂。何霞（2009）认为，个人对组织违反心理契约可能产生心理或者行为上的反应是一个发展的过程，即从"感知到承诺未履行→心理契约失衡→心理契约违背→心理契约破裂"的心理发展过程。而心理契约破裂应该是心理契约关系的升级版，也就是意识到可能产生不公平的对待，除了一些小的愤怒或者怨恨外，有时甚至产生更多的强烈的反应，轻者离职，重者会有反社会等行为[63]。孙晓龙等（2009）的研究表明，在员工的心理契约受到破坏之后，会有某些自身存在或者组织存在的因素促进或者缓解由心理契约破坏向心理契约违背转换的过程[64]。郑子林（2014）在研究中将心理契约破裂和心理契约违背从概念和形成过程两方面进行了详细区分。即从概念上讲，心理契约破裂是员工对组织未能履行的承诺而感到失望；而"违背"是心理契约违反、心理契约被打破后，员工的消极情绪，如愤怒、失望、不满等；在形成的过程中，产生违反心理契约的破裂后，由于心理契约产生可能会有解释、沟通以及其他因素，所以心理契约失败并不必然导致员工心理契约违背的情绪。心理契约违背是一个占主导地位的情感或者行为，而心理契约破裂更多的是一种心理契约的主观认知评估[65]。罗瑞荣（2014）认为心理契约破裂与心理契约违背两者不仅侧重点不同，而且程度上存在差异，并进一步对其形成原因进行了研究[66]。

三、心理契约破裂与员工工作结果

Robinson、Kraatz 和 Rousseau（1994）早期对 MBA 毕业生两年半的工作状态进行了调查研究，其实地调查的结果显示这些 MBA 学生当中有 55% 的人感知到了心理契约破裂。当这种心理契约破裂的感知产生之后，员工心理契约中的交易型成分得到加强，关系型成分大大降低[58]。基于对英国政府部门的管理人员和普通工作人员的调查研究，Colye – Shapiro 和 Kessler（2000）发现约有 80% ～90% 的人认为自己感知到了心理契约破裂，感知程度存在一定的差异。Colye – Shapiro 和 Kessler（2000）认为，英国政府整体工作人员心理契约破裂的强度相当大[53]。在利用员工工作日志分析法的基础上，Conway 和 Briner（2002）发现有 69% 的员工认为他们在 10 个工作日内感受到心理契约破裂[67]。

心理契约破裂研究发现，企业中员工心理契约破裂现象比较严重。在此基础上，有学者开始对心理契约破裂可能产生的结果，以及作用机理展开了研究。

1. 心理契约破裂结果

Kichul 等（2004）关于将心理契约破裂的结果变量划分为态度和行为两类的研究[68]，为心理契约破裂结果变量的相关研究做出了理论贡献。在态度类结果变量中，员工的工作满意度、组织承诺和离职倾向是三个重要变量。基于对前人心理契约破裂相关研究中涉及以上三个态度变量的 19 项研究结果进行详细分析研究，Conway（2004）得出，心理契约破裂同组织承诺存在高度的负相关关系，同离职倾向之间的正相关关系处于中等状态[69]。Zhao 等（2007）通过研究心理契约同其结果变量的关系，发现心理契约破裂对员工工作满意度的消极影响特别显著，同时也显著负向影响员工的组织承诺和离职倾向[54]。基于实证研究的研究结果，张生太和杨蕊（2011）运用调查问卷的方法探查了心理契约破裂同组织承诺和员工绩效之间的关系[70]，研究发现心理契约破裂显著负向影响员工绩效。Epitropaki（2013）认为心理契约破裂显著负向影响员工的组织承诺[71]。基于对 37 家企业超过 1200 名员工的实证研究，李敏和周恋（2015）发现，心理契约破裂负向影响工会承诺；且中介了劳动关系氛围与工会承诺的关系[72]。

组织公民行为是学者们普遍关注的心理契约破裂影响到的行为类结果变量[73]。王永跃等（2013）的研究发现心理契约破裂与建言行为存在显著的负相关关系[74]。也有部分研究者仅仅关注心理契约破裂对组织公民行为中公民美德这一变量的影响[75]。高日光（2010）的研究发现，减小心理契约破裂感可以有效地提高员工对组织的忠诚度[76]。基于社会交换理论和工作需求—资源模型，Rayton 和 Yalabik（2014）探究了心理契约破裂对员工工作投入的作用机理，研究结果表明，心理契约破裂显著影响员工的工作投入，而且工作满意度对两者的关系起到调节作用[77]。基于资源守恒理论，Kiazad 等（2014）的研究表明，心理契约破裂或削弱员工的组织创新[78]。大部分研究都证实了心理契约破裂会影响组织公平行为的某一个或者多个变量。除此之外，角色内绩效、心理撤出行为和离职也受到部分学者的关注[79-80]，但是研究结果没有得到统一的定论。Yau De Wang 和 Hui Hsien Hsieh（2014）研究了默许性沉默在心理契约破裂与员工工作满意度关系中的中介作用，感知的伦理气候对这种关系的调节作用和对默许性沉默的调节。结果表明，感知的伦理气候调节了心理契约破裂对默许性沉默的影响，在感知的伦理气候下，默许性沉默的调节效果更强[81]。Pascal Paillé，Nicolas Raineri（2014）研究了组织支持、管理者的信任、心理契约破裂、工作满意及工作环境中的亲环境行为之间的相互关系。在不同的心理契约破裂程度和管理者信任下，通过工作满意研究了组织支持和亲环境行为的间接影响条件。研究结果显示，工作满意只是在心理契约破裂的较低程度影响组织支持对亲环境行为的作用；低心理契约破裂只是在管理者信任的较高程度通过工作满意条件性地间接影响组织支持和亲环境行为[82]。魏峰等（2015）研究认为组织心理契约破裂是引发管理者欺凌行为和员工反生产行为的源头。组织心理契约破裂、管理者欺凌和员工反生产行为具有连环效应，组织支持、管理者负向互惠信念正向调节组织心理契约破裂与管理欺凌行为的关系，员工内外控性格、员工市场流动机会对管理欺凌与下属反生产行为的关系具有重要缓冲效应[83]。

综上可知，心理契约破裂会导致员工出现多种负面态度和行为（倾向）结果。

2. 心理契约破裂的中介变量和调节变量

在早期关于心理契约破裂的研究文献中，学者主要关注心理契约破裂对员工态度和行为的直接关系，但是对它们的作用机制研究相对较少[84]。

Robinson 和 Rousseau（1994）的研究指出，心理契约破裂对信任、工作满意度、组织满意度、离职倾向和实际离职行为有显著影响，而职业生涯导向是上述关系的调节变量，仅在心理契约破裂对信任的影响过程中存在调节作用[57]。Robinson 和 Morrison（1995）以心理契约理论为理论基础，实证研究了员工组织公民行为产生的原因，信任在组织对员工心理契约责任的履行和组织公民行为中公民美德关系的中介作用[85]。Robinson（1996）的研究则指出信任和未满足的期望是心理契约破裂和员工对组织贡献之间的中介变量[52]。国外学者在 2000 年之后的研究开始关注与心理契约破裂相关的某些中介变量和调节变量。在 1997 年关于心理契约破裂和心理契约违背的研究基础之上，Robinson 和 Morrison（2000）运用实证的方法验证了归因误差和认知公平都部分调节心理契约破裂和心理契约违背之间的关系[56]。Kiekul 和 Lester（2001）以公平感知度为调节变量，证实了其对心理契约破裂与员工的情感反应、工作满意度和组织公民行为之间关系的调节作用[86]。Johnson 和 O'Leary Kelly（2003）研究了组织犬儒主义对心理契约破裂和员工工作态度及情感耗竭之间关系的中介作用，发现犬儒主义的两个维度部分中介了心理契约破裂和员工工作态度与情感耗竭之间的关系[87]。Turnley 和 Bolino 等（2003）的研究发现员工对心理契约违背的归因调节了心理契约履行状况对员工角色内绩效和组织公民行为的作用路径[88]。Sutton 和 Griffin（2004）对员工进入组织前的预期同进入后心理契约违背的关系进行了假设构建，并提出了满意度对员工进入组织后经历和离职倾向的关系存在中介作用的假设，实证结果支持了提出的假设[89]。Raja、Johns 和 Ntalians（2004）在 Robinson 和 Morrison（2000）研究的基础上引入人格特质调节变量，研究发现，心理契约违背是心理契约破裂同离职倾向、工作满意度和情感承诺之间的关系的中介变量，人格特质仅起到部分调节的作用[90]。

沈伊默和袁登华（2007）作为我国研究心理契约破裂的专家，对组织支持感和领导—部属交换两方面对员工的留职意愿、组织认同、利他行为等方面的行为对心理影响产生的效果做了研究。研究结果表明，组织支持感对员工的以上行为只起到部分影响的关系，而领导—部属交换却起着主导的作用[61]。Zhao 等（2007）的研究发现，心理契约违背和信任两个情感变量中介了心理契约破裂与态度结果变量和行为结果变量之间关系[54]。

依据前人的研究，Dulac 等（2008）将心理契约破裂和心理契约违背作为两个变量，探究了心理契约违背对心理契约破裂同情感承诺、信任、离职倾向等关系的中介作用，同时，还研究了组织支持感和领导—部属交换对心理契约破裂和心理契约违背关系的调节作用，研究结果都得到了实证支持[91]。基于对企业 551 名员工的实证研究，王永跃等（2013）发现员工的工作满意度部分中介心理契约破裂和建言行为的关系；神经质心理契约破裂通过工作满意度影响建言行为这一路径具有显著调节作用[74]。Pascal Paillé 和 Jorge Humberto Mejía Morelos（2014）研究了工作场所中亲环境行为的员工意愿。研究目的一是感知的组织支持是否通过工作态度间接影响亲环境行为；二是心理契约破裂是否影响感知的组织支持和工作态度之间的关系。样本分析结果显示感知的组织支持通过员工的组织忠诚对亲环境行为有间接影响；组织支持在感知的破裂对员工工作满意度的影响中起调节作用[92]。刘洁琼（2014）认为心理契约破裂负向影响工作内嵌入、角色内绩效，正向影响离职倾向。作为中介变量，工作内嵌入在心理契约破裂与角色内绩效、离职倾向间起部分中介效应。具体为，在交易型心理契约破裂与角色内绩效、关系型心理契约破裂与离职倾向间起完全中介效应；在关系型心理契约破裂与角色内绩效、交易型心理契约破裂与离职倾向间起部分中介效应[93]。Ebru Aykan（2014）研究了关系契约和交易契约感知的破裂对离职倾向的影响和员工孤独感的中介作用，关系型心理契约破裂与离职倾向有积极的关系，而交易型心理契约破裂则没有。情绪孤独对员工在工作场所感知契约破裂的离职倾向起中介作用，并且，情感孤独感知增强了对离职倾向的影响[94]。张生太等（2016）把员工分为四种不同类型的人力资源，有针对性地对心理契约破裂与组织公民行为的关系进行了研究。发现知识型员工心理契约人际维度和发展维度破裂对组织公民行为消极影响显著；工作雇佣型员工心理契约规范维度和人际维度破裂对组织公民行为消极影响显著；合同雇佣型员工心理契约规范维度破裂对组织公民行为消极影响显著；联盟或合作工作员工心理契约人际维度、发展维度和规范维度破裂都对组织公民行为消极影响显著[95]。肖素芳（2016）提出心理契约破裂完全中介角色冲突对组织公民行为的影响，应通过避免角色冲突防止心理契约破裂[96]。Jimmy Harry Putu Suarthana 和 I Gede Riana（2016）研究了工作压力在心理契约破裂和有离职倾向的工作量之间的调节作用。研究表明，心理契约破裂对离职倾向没有显著影响，心理契约破裂和工作量对工作压力、工作量对离职倾向都有显著影响，持续的工作压力对心理契约破裂和有离职倾向的员工的工作量有调节作用[97]。张璇（2017）研究得出心理契约破裂有着显著的预测力，能够解释员工的沉默行为，并对员工的沉默行为显著正向影响；工作不安全感中介心理契约破裂和员工沉默行为之间的正向关系；员工和领导之间的上下级关系正向调节心理契约破裂对心理不安全感的影响，并正向调节心理契约破裂通过工作不安全感对沉默行为的间接作用[98]。李秀凤等（2017）认为，组织实施的高绩效工作系统，与员工心理契约破裂显著负相关，员工体验的高绩效工作系统在这一过程中起完全中介作用；互动公平氛围正向调节组织实施的高绩效工作系统，对员工体验的高绩效工作系统的影响显著，且进一步正向调节员工体验的高绩效工作系统在组织实施的高绩效工作系统与员工心理契约破裂之间的中介作用[99]。崔志敏（2018）认为心理契约破裂正向预测知识型员工反生产行为，负面情绪在知识型员工心理契约破裂及其反生产行为之间起部分中介的作用，关系补救在规范型和发展型心理契约破裂与知识型员工反生产行为中起调节作用[100]。

四、文献述评

目前，国内外有关心理契约破裂的相关研究已经取得了丰厚的成果。心理契约破裂作为心理契约研究的一个重要领域，由于学者研究视角的不同，对其概念的界定还存在不一致性，这给心理契约破裂的规范化研究带来了一定的阻碍。因此，有必要进一步对心理契约破裂概念展开深入的研究，以便为后续的研究所运用。

第三章　共生理论在企业与
员工关系中的运用

第一节　企业与员工共生关系状态

一、大自然生态系统中的种群关系

"共生"这一名词来自于生物学，其基本定义为：不同的生物个体互相有利的或者对对方有害地生活在一起，在这个过程中形成的互利或者互害的关系都是共生的形式。自从共生的概念诞生以后，生物学中的很多领域都把它当作最基本的知识，并且科学家大多一致认为其与寄生的定义是有差异的，应区分开来。到了 20 世纪 50 年代，法国学者 Maure Gallery 在其专著 *Parasitism and Symbiosis* 中指出了共生与寄生的共性，并通过大量的实际案例论证了共生与寄生的实质性关系，对共生和寄生的概念进行了界定，还指出了除这二者之外的其他生物关系，共生的定义就是从这里得出来的。这本书的出版为后续研究共生关系提供了崭新的视角。

二、企业与员工生态关系定位

20 世纪中叶，西方学者认识到共生不仅仅存在于生物学中，于是生物学领域以外的学科开始将共生引入其自身研究。首先被关注的学科领域是社会学，接着经济学、管理学、医学等学科领域也开始关注这一理论方法[101-106]。伴随着科技的发展，世界范围内人们之间的交流越来越多，人的发展与自然界的变化关系越来越密切。社会学家逐渐认识到，研究这种大的利益共同体现存的问题，需要从共生的视角来入手[107]。为此，他们提出了社会生产的共生方法，对人们的生活提供了理论指导[108-109]。

生态学的隐喻往往能给管理学现象的研究带来更广阔的视角。Moore（1996）指出，从生态学的视角来看待企业的发展和管理，往往能够自由地看到更多尚未被发现的东西[110]。Drucker 在比较 Keynes 和 Schumpeter 在经济学中的思想时指出，他本人更认可以生态的观点看待社会现象[111]。组织生态学（Organizational Ecology）就是以生态的观点来研究各种不同形态的人类组织[112]。在生物学研究领域，物种进化的本质是一个变异、选择、保留的循环过程，包括不止一次的反复"试错"过程[113]。组织生态学中认为群落生态组织的进化同样是由三部分构成：首先，群落中组织发生生态变异（variation），即组织的经营惯例（routines）、职业能力（competencies）以及组织的形态结构（structure）发生变化；其次，组织经过环境的选择（competitive selection），那些不再适应现有环境的变异组织被淘汰出去；最后，能够继续适应现有环境的组织将重新构建共生关系，形成新的组织形式，继续进行发展[114-115]。

在组织行为领域中，企业与员工之间的相互作用关系与生物界种群之间的关系极为类似[116]。由于企业和员工独立存在时，并不能完全自由地进行各种目标活动，他们自身目标的实现需要依靠对方的支持，因而聚集到共同的价值链上，一起发展和进步，以实现各自的目标[117]。由于企业与员工之间的关系类似自然生态中生物种群之间的共生关系，因而可以援引共生理论对二者的关系进行描述。

企业作为一种社会组织形式，它的发展需要员工的协同，只有员工努力付出自身的劳力资本，企业的生产以及产品的销售才可能顺利进行。可以说，员工是保证企业货源和产品高质量最强有力的保障，甚至也是产品转移的重要搬运工，他们对企业的发展至关重要。员工通过自身的努力，从企业那里得到了自己想要的东西，实现了自身的目标。这是企业和员工二者之间相互利用、密切配合、共同发展的组织形式。企业与员工的聚集就构成了一个共生单元。在生产活动过程中，会形成不同的交易模式，这些模式即为共生模式。对企业与员工构成的社会组织产生影响的要素如社会、政治、经济、文化、制度等，就是他们的共生环境。共生单元在组织形成时就已经确定，而共生环境在整体上也并未发生多大变化，仅有共生模式会因组织的差异而不同。企业与员工的共生模式体现了企业与员工之间的交易方式，可以折射出二者共生将会对各自带来何种影响。

第二节　企业与员工共生系统及原理

一、企业与员工共生系统

企业与员工共生关系存在客观性，在二者形成的系统中，最优发展是二者所共同追求的，即在生产活动中，二者之间的消耗能量低，产出能量却最高。员工与企业选择的共生界面可以体现出他们与外界环境的关系。外界的环境决定着企业和员工的产出条件，而他们自身的内部因素对产出条件影响作用并不大。

二、企业与员工共生原理

企业与员工共生系统的形成和发展过程中的内在关系通过共生原理可以体现出来，共生原理由质参量兼容原理、共生能量生成原理和共生界面选择原理组成[40-41]。

1. 质参量兼容原理

质参量兼容是指企业与员工共生关系的形成需要以他们之间存在的某种内在联系为前提，而这种内在联系是通过他们的产出相互体现出来的。要求共生主体之间必须是互补关系，或者是相互供给关系，或者是资产组合关系……，二者关系就是质参量兼容的前提。显然，企业与员工之间的关系可以定义为互补关系，企业需要劳动力资源，员工需要金钱、价值体现等。如果使用数学方法来表述企业与员工之间的质参量兼容问题，则有：$Z_i = f(Z_j)$，其中 i、j 表示的是企业与员工之间可能形成的共生关系，函数 $f(Z_j)$ 可以是随机型的、可以是间断型的，也可以是连续型的。如果函数 $f(Z_j)$ 是随机型的，那么企业与员工之间一般比较容易形成点共生模式；如果函数 $f(Z_j)$ 是线性间断型的或者是非线性间断型的，那么企业与员工之间一般比较容易形成间歇共生模式；如果函数 $f(Z_j)$ 是线性确定连续型的或者是非线性确定连续型的，那么企业与员工之间一般比较容易形成连续共生模式或一体化共生模式，两种模式的唯一差异在于区间上的限制，前者要求区间上连续，后者则没有任何要求。

2. 共生能量生成原理

企业与员工共生最根本的目的是得到新能量，即二者产出要有所提高，具体表现在：企业的效益有所提升、生产规模有所扩大以及经营产品有所增加；员工的收入有所提高、价值体现更加明显以及地位有所提升。同样可以用数学形式表现出来：

设企业与员工的共生体 S 存在适量 Z_s，且 $Z_s = f(Z_1, Z_2)$，则共生度 δ_s 可表示为：$\delta_s = \dfrac{1}{\lambda} \sum_{i=1}^{2} \delta_{si}$，式中 λ 表示的是共生界面的特征系数。

如果用（E_s）表示企业与员工的共生能量，那么它的大小反映了企业与员工的活力，而它的大小由二者形成的系统的产出状态和产出变化所决定。对于企业与员工的共生系统来说，当共生度 $\delta_s > 0$ 时，企业与员工的共生才会产生新的能量（E_s）。

3. 共生界面选择原理

企业与员工共生产出的新能量有两个方面的用途：第一个是建立新的共生关系，即扩大共生活动数量；第二个是增进共生关系。如果前者的比例用 r 表示，后者的比例用 k 表示，那么 $r + k = 1$。如果 r 的值趋近于 1，则为 r 选择；如果 k 的值趋近于 1，则为 k 选择。产出制约性较高时，k 选择的有效性就越强；产出制约性较低，r 选择的有效性就越低。按照这个准则，如果产出使用的是系数 β，且 $\beta = \dfrac{r}{k}$，那么，在非完全产出制约的条件下，$\beta \in (0, \infty)$，这时的选择为混合型，既包含数量扩张的 r 选择，

又包含质量提高的 k 选择。显然，产出使用的系数 β 决定着企业和员工关系的发展趋势。

在不完全信息条件下，共生界面对共生对象的选择采用竞争性选择规则，而在完全信息条件下，则采用非竞争性亲近度规则和关联度规则。

第三节　企业与员工共生要素

一般而言，一个共生体系要包括共生单元、共生模式和共生环境三个基本要素[118-120]。本节将遵循这一体系，对企业与员工之间的共生要素进行详细分析。

一、企业与员工共生单元

在企业与员工形成的共生关系中，共生单元是二者进行能量交换时的基本衡量方式。由于企业与员工之间的交易形式是多方面的，因此，在衡量产出时，二者会有两种不同的标准。一种用于衡量外在特征，称作质参量；另一种用于衡量内在特征，称作象参量。无论外在特征还是内在特征，从企业和员工的角度都具有不同的表现。对于企业而言，外在特征主要有时间、工作量、努力程度等；内在特征主要有对企业的贡献等。对于员工而言，外在特征主要有金钱、工作量等；内在特征主要有对员工的关怀、对员工自我实现的支持等。显然，在不同层次的共生分析中，员工和企业选择的内、外在特征会有差异，并且随着时间的推移，员工和企业选择的内、外在特征也会变化。对于那些起主导作用的选择，称为主质参量。外在特征和内在特征相互作用促使企业与员工共生关系存在和发展，并体现出了企业与员工的相互作用关系。

二、企业与员工共生模式

企业与员工的共生模式是二者相互作用的外在表现形式，它可以体现出二者之间的关系强度。企业与员工的共生模式是二者共生的关键，根据企业与员工的组织程度和行为表现，共生模式包括共生组织模式和共生行为模式[121-123]。

1. 企业与员工共生组织模式

从企业与员工的组织程度视角可界定共生组织模式。以下主要对四种共生组织模式的区别与联系做详细说明。企业与员工四种共生组织模式的比较分析结果见表3-1。

表3-1 共生组织模式比较分析

模式类型	共生关系	作用特征	共进化特征
点共生	在特定的时间发生相互作用	只在一方面起作用	不稳定且偶然
间歇共生	周期性的发生相互作用	只在小部分方面起作用	不稳定且偶然
连续共生	某段时间内持续发生相互作用	在多方面起作用	比较稳定且必然
一体化共生	某段时间内发展成为共同体	每个方面都起作用	稳定且必然

从定义可以看到，点共生是间歇共生的一种特殊形式。从数学的角度来看，二者唯一的差异在于，点共生的集合中有一个元素，而间歇共生有多个点共生存在，即集合中存在多个元素；从本质来看，点共生的简单累加能等同于间歇共生。一体化共生模式在共生单元之间形成了一种独特的共生界面，最大特点是该共生界面是共生单元与环境交流的必经媒介。

2. 企业与员工的共生行为模式

企业与员工的共生行为模式是从二者的行为层面来划分的，有四种主要共生行为模式。

企业与员工的寄生共生模式，往往不会产生新的能量，即系统总能量不会增加。在现实中，寄生关系影响的是二者的能量分配，具体而言，这种能量分配总是偏向寄生者，而寄生的分配量呈下降趋势。当企业与员工处于寄生关系时，无论是企业还是员工，属于寄生的一方总是消耗能量，仅有属于寄主的一方产生新能量。从自然界来看，寄生并不总是有害。从企业与员工构成的组织来看，如果寄生方永远在进行能量消耗而不产生新能量，且随时间变化消耗量是不变的，那么它会损害寄主的利益，对共生关系会有不利影响；如果寄生方永远在进行能量消耗而不产生新能量，且随时间变化消耗量是减少的，那么终有这样一个时间点，在这个时间点以后，企业与员工关系转化成互惠关系，显然，这对双方都有利。从上述两个方面可以看出，企业与员工寄生关系稳定与否由寄生者耗能速度与寄主产能速度来决定。具体地说，当寄生者耗能速度和寄主产能速度都恒定，且二者比值小于 1 时，则关系相对稳定，反之亦然。关系相对稳定还存在另一种情况，那就是寄生者耗能速度随时间递减。

在企业与员工偏利的共生系统中，企业与员工均可以产生新的能量，但一方总是有利的，且另一方是无害的。"利"总是偏向一方是偏利共生最大的特点。从寄生关系的演化可以得知，寄生关系在向互惠共生关系演变时，必会经过偏利共生关系，可见偏利共生是一种特殊的共生模式。

在企业与员工互惠的共生系统中，企业与员工均可以产生新的能量，并且两方均可以获益。至于二者间的关系是对称的还是非对称的，这主要由二者的独立性决定。具体地说，当员工或者企业的产出必须依赖于企业或者员工时，二者即为非对称关系；当员工和企业的产出不需要依赖于对方时，二者即为对称关系。

三、企业与员工共生环境

企业与员工关系的形成是在一定环境下发生的，而影响企业与员工关系的所有因素统称为二者的共生环境，此环境为社会宏观环境，主要包括政治、经济、文化、制度等环境。政治环境主要是指企业与员工所在国度的政治因素，从大的角度来分，有社会主义和资本主义两种；经济环境主要是指企业所在国度以及地域的经济情况；文化环境主要是指企业所在国度以及地域的社会习惯、价值观念、行为规范等；制度环境主要是指国家对企业制定的法律法规、相应的措施和对员工就业保护、工资水准等的规定。不同的共生环境对企业与员工关系的作用方向和大小是有差异的。当然，企业和员工也会对共生环境带来影响。下面将重点分析企业和员工与共生环境相互作用的关系。

当企业不能获取员工的信息作为输出变量时，员工与企业内部的现有机制对企业与员工所处的共生环境将不会带来正向影响，即现有机制无法改善二者的共生环境。

当企业只是取得了员工的部分信息作为输出变量时，员工与企业内部的现有机制对它们所处的共生环境将不会带来负向影响，即现有机制不会使二者的共生环境变得更差。

当企业取得了员工的全部信息作为输出变量时，员工与企业内部的现有机制对它们所处的共生环境将会带来正向影响，即现有机制可以改善二者的共生环境[124]。

企业外部环境一直处于不稳定状态，缺乏一个有利于企业发展的环境。企业为谋求发展，从各个方面来应对变化，无形中对员工造成心理感知上的误差，造成员工对企业极度不满，在工作上偷懒，在心理上抵制。此外，部分不良企业拖欠工资、过度加班等负面信息，也会造成员工对企业不能完全信任，这些都极大地损害了员工与企业共生的环境向更好的态势发展，严重阻碍了企业的发展。

第四节　企业与员工共生条件

企业与员工的共生必须满足一定的条件。在企业与员工共生关系的形成阶段，以及关系形成后共生模式的演变阶段，都是在一定条件下进行的。下面基于企业与员工具有共同的发展需要为出发点，对企业与员工共生条件进行相关分析。

一、企业与员工共生的必要条件

企业与员工共生的必要条件是二者形成关系的基本条件。它主要是对企业与员工共生单元的性质进行限定。

第一个必要条件为：企业与员工能够形成共生界面，在此界面下，企业和员工都能够自由地进行活动。企业与员工在进行物质、信息等交换时，必须通过一定的媒介才可以顺利完成，而共生界面就担当着这样的功能。正因为它发挥着这种作用，其不同时间的性质和随时间改变而发生的变化都会对企业与员工的共生模式带来影响。由于企业与员工的生产、互动等活动相对复杂，因此二者之间的共生界面有很多个，不同的共生界面组合为一个整体，为企业与员工的信息、物质等的交换提供基础平台。在实际中，虽然企业与员工是雇主与雇员的关系，但员工的生产活动对企业产品的质量等起着至关重要的作用。

第二个必要条件为：企业与员工之间要有合适的关联度，并且此关联度的值还必须达到某个临界值。企业与员工共生关系的形成需要二者的关联性不能太低，否则共生的局面不会实现。如果把企业与员工进行产品生产和销售的核心能力看作是主质参量，并且用该主质参量来描述企业和员工间的关联度（ξ_m），那么有下式成立：

$$\xi_m = \frac{Z_a^m}{Z_b^m} = \frac{f(Z_a^m)}{Z_b^m}(Z_b^m \neq 0)$$

二、企业与员工共生的充分条件

影响企业与员工共生关系的形成除了上述两个必要条件外，还需要满足下述三个条件，由于是对两个必要条件的补充，因此称之为充分条件。

第一个充分条件为：企业与员工之间形成的共生界面必须是畅通无阻的。作为企业与员工之间信息交流、物质交换重要媒介的共生界面，它的畅通性决定着企业与员工之间的交换是否容易进行。只有当企业到员工、员工到企业两个方向交换的动力（p）都大于阻力（f）时，共生界面才是企业与员工形成共生关系所需要的。企业与员工之间一般可以形成两种共生界面，第一种属于无介质的；第二种与第一种相对，属于有介质的。在这两种介质中，前者要求共生单元之间一一对应且直接接触，后者通过一定的媒介进行间接接触。由于前者要求相对苛刻，因此这种作用方式的效率极其低下，企业与员工的选择也是有限的，在四种行为共生模式中，寄生就属于无介质界面的共生模式。

第二个充分条件为：企业与员工共生系统的总能量必须大于零。企业与员工相互作用使企业的竞争力得到增强，使员工获得更多的工资、实现更大的自身价值，这些来源于企业与员工在畅通的共生界面进行合理分工、协同与互补的结果。

第三个充分条件为：企业与员工在交易活动中掌握了对方一定的信息量。企业与员工对对方信息的了解源于对对方的选择过程或者对对方信息的识别过程，当他们对选择对象的信息量超过了其他同类备选的对象时，一个共生识别才算完成。由于企业与员工处于社会的不同阶层，他们拥有的社会资源具有一定的差异性，这就导致他们在信息识别过程中所花的时间也存在一定的差异性。企业作为知识聚集的产物，其往往要比普通员工掌握更多的资源，在信息识别过程中，速度要比普通员工快得多，在共生关系形成前，它扮演着倡导者、组织者和推动者的身份，对共生关系的建立和维持起关键性作用。对于员工而言，那些被企业率先知晓的员工会与企业更早地成为伙伴，形成共生关系。类似的，那些被员工率先知晓的企业会与员工更早地成为伙伴，形成共生关系。

三、企业与员工共生的均衡条件

由于企业与员工关系形成时共生维度就已经确定，因此研究企业与员工共生的均衡条件就是研究企业与员工共生的密度均衡条件。企业与员工共生的结果是系统能够产生新能量，当企业与员工组成的系统具备了条件时，系统总能量一定大于二者独立时的能量之和，并且企业与员工的共生密度越大，产出的新能量越多，但是，企业与员工的共生密度并不是没有上限的，这主要是受共生能量损耗的影响。从这个角度来看，共生密度一定存在一个平衡点，即均衡状态。由共生理论可知，企业与员工共生的密度均衡条件为：$M_{\rho s} = M_{\rho c} = M_{\rho e}$，其中 $M_{\rho s} = \dfrac{\partial E_c}{\partial \rho_s}$，$M_{\rho c} = \dfrac{\partial E_s}{\partial \rho_c}$，且 $\dfrac{\partial \Delta E_s}{\partial \rho_s} = 0$ 时，$\Delta E_s = E_s - E_c$ 具有极大值 ΔE_{sm}。这说明，在企业与员工共生关系中，受企业容量限制，参与共生关系的员工数量会有一个上限。在企业与员工组成共生系统初期，系统总效益随着员工数量的增多而增大，但当员工数量达到一定值时，系统总效益将停止增长，员工数量继续增加会使系统总效益下降。

四、企业与员工共生的稳定条件

企业与员工共生要达到稳定状态，需要满足匹配和分配两个条件。

企业与员工共生的第一个稳定条件为：共生稳定匹配条件。从前文关于企业与员工形成共生系统时谁先进入的问题讨论中得知，当企业和员工对对方的信息完全掌握时，企业与员工之间关联度越大的，越容易形成共生关系。此时的共生关系也越稳定。当企业和员工对对方的信息处于不完全状态时，企业与员工之间的信息丰富度越高的，越容易形成共生关系，并且信息越丰富，低关联度的共生主体越容易被高关联度的共生主体所代替。上述为企业与员工形成共生关系的进入与退出机制，也是共生系统中的激励与惩罚机制，该机制的存在，对企业和员工进行密切合作具有促进作用，是提升共生系统整体绩效的有效保障。

企业与员工共生的第二个稳定条件为：共生稳定分配条件。企业与员工共生的关系要稳定，除了满足相应的匹配条件外，还需满足分配条件。用数学语言可表示为：$\dfrac{E_{sa}}{E_{ca}} = \dfrac{E_{sb}}{E_{cb}} = k_{sm}$，式中 $E_{sa} + E_{sb} = E_s$，$E_{ca} + E_{cb} = E_c$，k_{sm} 表示的是共生稳定分配系数。当分配条件满足时，企业与员工的共生关系将达到最佳的稳定状态，并且企业与员工之间获得了对称的共生能量，共生系统对二者具有最好的、一致的激励效果。在实际的企业与员工共生体系中，受各种因素影响，共生分配会偏离最优状态，E_{si} 与 E_{ci}（i 表示任意的共生单元）的比值并不等于 k_{sm}。假设 $k_{si} = (1 + a) k_{sm}$，a 为非对称分配因子，表示的是企业与员工的实际分配偏离理想状态分配的程度。此时，企业与员工的共生关系是否继续下去，取决于非对称分配系数的临界值 a_0，如果 $a \leqslant a_0$，那么企业与员工将继续共生，如果 $a > a_0$，那么企业与员工的共生关系将不复存在。在共生理论中，称 $k_{si} = (1 + a) k_{sm}$（$a \leqslant a_0$）为扩展的共生稳定分配条件。

第四章　心理契约破裂模型
及动态演变分析

第一节　模型构建

一、测量模型

本章对心理契约破裂做出如下概念界定，心理契约破裂是员工对组织未能履行在员工发展各阶段心理契约承诺的综合性认知。

概念同以往学者的差异在于，一是强调"综合性认知"，即员工感知到的心理契约破裂是多方面的；二是强调"员工发展各阶段"，即阶段性的认知，具有过程性，因为员工在企业内发展阶段的不同，会感知到不同的心理契约破裂。

本章在前期理论研究的基础上，将心理契约破裂的构成维度设定为交易型心理契约破裂、人际关系型心理契约破裂、工作支持型心理契约破裂、发展型心理契约破裂四个内容维度，各个维度的定义如下所述。

1. 交易型心理契约破裂

交易型心理契约破裂的含义是组织没有兑现先前承诺员工的物质待遇而引起的员工心理契约破裂。物质待遇包括工资、奖金、分红以及福利等。交易型心理契约破裂涉及组织与员工之间具体的经济交换，包括公平合理的待遇、有竞争力的工资与奖金、良好的保健福利、良好的休假福利、完整的工作保障、完善的退休计划。交易型心理契约破裂通常由正式的、合法性的契约破裂引起，客观性、可证实性较强，并且契约的内容与实施过程的不确定性较低。

2. 人际关系型心理契约破裂

人际关系型心理契约破裂的含义是当组织没有提供员工需要的良好的人际环境、生活关照、情感关心、尊重理解等引起的员工心理契约破裂。人际关系型心理契约破裂包括：员工感觉不到尊重，组织对员工生活的关照不够，组织对员工情感的关怀不足，组织不重视员工的心理健康，不能为员工提供心理辅导。人际关系型破裂建立在社会交换失效的基础之上，与交易型心理契约破裂相比，主观性较强、明晰性较差，并且契约的内容与实施过程的不确定性较高。

3. 工作支持型心理契约破裂

工作支持型（亦称支持型）心理契约破裂的含义是组织在实际工作中没有给予员工需要的工作帮助与支持引起的员工心理契约破裂。工作支持型心理契约破裂包括：不能按照个人能力和技术专长合理安排工作岗位，缺乏良好且安全的工作环境，不能提供足够的资源完成工作，对工作和业绩不肯定，工作没有弹性，工作负荷不适当，工作上自主空间不充分，不能参与组织重大决策。工作支持型心理契约破裂建立在社会交换失效的基础之上，与交易型心理契约破裂相比，主观性较强、明晰性较差。并且契约的内容与实施过程的不确定性较高。

4. 发展型心理契约破裂

发展型心理契约破裂的含义是当组织没有提供员工需要的个人成长机会与事业发展空间而引起的员工心理契约破裂，导致员工没有机会与空间发挥其自身优势和潜能，实现其抱负与理想。这种破裂包括：不能获得与工作岗位相对应的充分授权，工作缺乏自主性，没有提升的空间，没有进修的机会，等等。发展型心理契约破裂也是建立在社会交换失效的基础之上，与交易型心理契约破裂相比，主观性较强、明晰性较差。并且契约的内容与实施过程的不确定性较高。

心理契约破裂测量模型如图 4－1 所示。

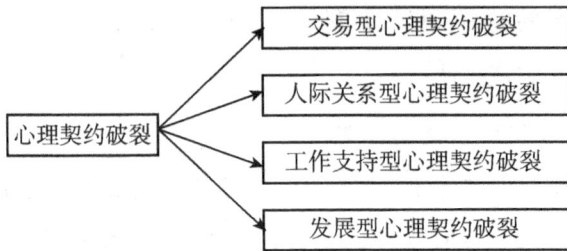

图 4-1 心理契约破裂测量模型

二、初始测量题项生成

明确心理契约破裂的概念以及构成后，需进行量表开发的工作。量表开发的首要任务就是构建一套能够准确测量并研究构念的测量题项。生成测量题项的基础需要明确的理论支持，指明待开发量表的内容范围。

生成量表的方法主要有演绎法和归纳法两种[88]。演绎法的理论基础是依据已有的理论，直接生成测量题项；归纳法则比较适合进行探索性研究的测量题项生成。基于深度访谈整理的结果，归纳出测量题项。最后根据演绎法和归纳法得出所有测量题项，最终得到心理契约破裂的初始测量题项，见表4-1。

表4-1 心理契约破裂初始测量题项

维度	测量题项	题项来源
交易型 心理契约破裂	①公平合理的待遇 ②有竞争力的薪金 ③良好的保健福利 ④良好的休假福利 ⑤完整的工作保障 ⑥完善的退休计划	Rousseau（2000），Mac Neil（1985），Robinson 及 Kraatz 和 Rousseau（1994），Tsui（1997），Millward 和 Hopkins（1998）
人际关系型 心理契约破裂	①能感觉到尊重 ②能感觉到信任 ③能感觉到平等 ④生活关照 ⑤情感关怀 ⑥心理辅导	Rousseau（2000），Mac Neil（1985），Robinson 及 Kraatz 和 Rousseau（1994），Tsui（1997），Millward 和 Hopkins（1998）

续表

维度	测量题项	题项来源
工作支持型 心理契约破裂	①能按照个人能力和技术专长合理安排工作岗位 ②良好且安全的工作环境 ③提供足够的资源完成工作 ④有一定的授权 ⑤肯定工作和业绩 ⑥上级重视建议 ⑦工作有弹性 ⑧工作负荷适当 ⑨工作上自主空间充分 ⑩能参与组织决策	李原和孙健敏（2006），王重鸣（2006）
发展型 心理契约破裂	①给予专业指导 ②提供晋升空间 ③工作具有一定的挑战性 ④指引发展目标 ⑤提供个人成长机会 ⑥提供系统、持续的专业培训	Coyle 及 Shapiro 和 Kessler（2000），李原和孙健敏（2006），王重鸣（2006）

资料来源：根据相关文献而成。

三、修正测量模型

测量题项开发出来以后，必须对其内容效度进行检验。将心理契约破裂概念的维度以及测量题项交给被调查者评断，看测量内容与维度的匹配程度。在此过程中，可以对不满足构念一致性的测量题项进行删减。首先，选取有相关工作经验的企业管理人员作为评判者，请他们对测量题项进行判断，删除其中无法明确测量出维度概念的题项；其次，告知这些评判者要测量的心理契约破裂概念和每个维度的定义，让评判者将测量题项进行归类，评判者也可以根据自己的理解将不属于任何维度的测量题项标记出来；最后，邀请组织行为学研究领域的教师对心理契约破裂维度和测量题项进行评判，认为测量题项基本可以测度出其对应的维度，仅对个别测量题项进行调整即可。教师提出量表测量题项过多，容易造成被调查者的厌倦情绪，影响调查质量，故对量表进行部分删减，保留最能体现心理契约破裂各个维度含义的测量题项。心理契约破裂各个维度需要删除的测量题项，见表4-1中标注阴影的部分。保留下的测量题项构成心理契约破裂量表的最终测量题项。

四、预测试问卷设计

在确定心理契约破裂初始测量题项后，将测量题项根据研究情境进行语义拓展和修辞，形成一一对应的问卷测量问题。问卷测量采用 Likert 7 级量表，由完全不同意、不同意、有点不同意、不能确定、有点同意、同意和完全同意构成，对应 1 - 7 分的测度值。据此得到预测试问卷，如表4-2 所示。

表4-2　心理契约破裂测量题项

维度	测量题项	完全同意	不同意	有点不同意	不能确定	有点同意	同意	完全同意
交易型心理契约破裂	①公平合理的待遇	1	2	3	4	5	6	7
	②良好的保健福利	1	2	3	4	5	6	7
	③良好的休假福利	1	2	3	4	5	6	7
	④完整的工作保障	1	2	3	4	5	6	7
	⑤完善的退休计划	1	2	3	4	5	6	7
人际关系型心理契约破裂	①能感觉到尊重	1	2	3	4	5	6	7
	②能感觉到信任	1	2	3	4	5	6	7
	③能感觉到平等	1	2	3	4	5	6	7
	④生活关照	1	2	3	4	5	6	7
	⑤情感关怀	1	2	3	4	5	6	7
工作支持型心理契约破裂	①能按照个人能力和技术专长合理安排工作岗位	1	2	3	4	5	6	7
	②良好且安全的工作环境	1	2	3	4	5	6	7

续表

维度	测量题项	完全同意	不同意	有点不同意	不能确定	有点同意	同意	完全同意
工作支持型心理契约破裂	③提供足够的资源完成工作	1	2	3	4	5	6	7
	④工作上自主空间充分	1	2	3	4	5	6	7
	⑤能参与组织决策	1	2	3	4	5	6	7
发展型心理契约破裂	①给予专业指导	1	2	3	4	5	6	7
	②提供晋升空间	1	2	3	4	5	6	7
	③工作具有一定的挑战性	1	2	3	4	5	6	7
	④指引发展目标	1	2	3	4	5	6	7
	⑤提供个人成长机会	1	2	3	4	5	6	7

第二节　模型修正

一、预调研

在进行正式测量之前，为保证被调查问卷的信度和效度，需要进行一次小规模的预调研，目的在于对研究模型初步验证。预调研的调查对象主要依靠社会关系选取企业中的员工。Guadagnoli 和 Velicer（1988）指出，能够进行探索性因子分析需要最少 150 个样本[125]。并且，根据 Schwab（1980）的建议，样本量同测量题项数目的比例需要高于 10 : 1[126]。根据前述标准，预调研过程从 2015 年 5 月开始至 6 月结束，预调研共计发放调查问卷 215 份，回收问卷 215 份，其中有效问卷 203 份，问卷的有效回收率为 94.4%。

在接下来的数据分析过程中，为了论述表达的简洁，将采用心理契约破裂各个维度英文单词的缩写字母代替汉字表述。其中，交易型（transaction）心理契约破裂维度的代码为 TRA，其测量题项的代码为 TRA1 ~ TRA5；人际关系型（relationships）心理契约破裂维度的代码为 REL，其测量题项的代码为 REL1 ~ REL5；支持型（support）心理契约破裂维度的代码为 SUP，其测量题项的代码为 SUP1 ~ SUP5；发展型（development）心理契约破裂维度的代码 DEV，其测量题项的代码为 DEV1 ~ DEV5。

二、Cronbach's α 信度检验

一个合格的概念测量应该可以稳定地测量需要测度的概念，因此需要对概念的信度进行检验。评价信度的指标有很多，最常用的就是 Cronbach's α 值，值越大，代表测量题项之间的相关性越强，也就说明了测量题项能够反映所要测量的内容域。

一般来说，指标 Cronbach's α 的值要高于 0.7[127]；题项—总体相关系数（CITC）要大于 0.5；删除某一题项之后，如果该题项所属变量的 Cronbach's α 显著提高，那么该题项需要删除。本书的研究使用 SPSS16.0 统计软件对心理契约破裂概念的内部一致性信度进行了分析，得到的分析结果如表 4 - 3 所示。

表 4 - 3　内部一致性信度分析

维度代码	测量题项代码	CITC	Alpha if Item Deleted	Cronbach's α
TRA	TRA 1	0.673	0.872	0.880
	TRA 2	0.716	0.856	
	TRA 3	0.806	0.820	
	TRA 4	0.771	0.835	
	TRA 5	0.718	0.837	
REL	REL 1	0.629	0.899	0.905
	REL 2	0.832	0.861	
	REL 3	0.867	0.847	
	REL 4	0.831	0.862	
	REL 5	0.750	0.895	

维度代码	测量题项代码	CITC	Alpha if Item Deleted	Cronbach's α
SUP	SUP 1	0.569	0.849	0.846
	SUP 2	0.651	0.825	
	SUP 3	0.759	0.774	
	SUP 4	0.777	0.763	
	SUP 5	0.734	0.776	
DEV	DEV 1	0.710	0.885	0.894
	DEV 2	0.831	0.840	
	DEV 3	0.781	0.857	
	DEV 4	0.745	0.870	
	DEV 5	0.772	0.852	

通过表 4 – 3 中的数据得到，心理契约破裂各个维度变量的 Cronbach's α 值均大于 0.7，并且题项—总体相关系数也均大于 0.5，故不需要进行题项的精简，表明量表具有较好的内部一致性信度。

三、探索性因子分析效度检验

探索性因子分析是利用数学协方差原理，从一组具有共同特性的测量题项中提取背后潜在概念的统计分析技术。公因子的提取方法有主成分分析法、最大化正交旋转（Varimax）的公因子提取方法、基于特征值大于 1 的 Kaiser 准则和基于方差解释比例的 Scree 检验来确定公因子数量[128]。无论采用哪一种方法，公因子的因子载荷绝对值必须要大于 0.4，达到 0.6 较好，并且要在其他变量上的因子载荷系数远小于归属的变量[129]。本书的研究应用 SPSS16.0 统计软件进行了因子分析，探索性因子分析结果如表 4 – 4 所示。分析结果显示，探索性因子分析 KMO 值为 0.834，接近 1，适合进行探索性因子分析，Bartlett's 球形检验的 x^2 值为 394.04，$p < 0$。共提取了四个因子，方差累计贡献率为 78.341%，测量同一维度的指标因子都符合到原先指定的维度上，并且因子载荷值都大于 0.5。表明心理契约破裂四个维度划分是恰当的。

表 4-4 探索性因子分析

维度代码	题项代码	因子			
		1	2	3	4
TRA	TRA1		0.777		
	TRA2		0.744		
	TRA3		0.799		
	TRA4		0.778		
	TRA5		0.813		
REL	REL1	0.820			
	REL2	0.937			
	REL3	0.894			
	REL4	0.857			
	REL5	0.837			
SUP	SUP1				0.720
	SUP2				0.692
	SUP3				0.626
	SUP4				0.802
	SUP5				0.719
DEV	DEV1			0.700	
	DEV2			0.832	
	DEV3			0.824	
	DEV4			0.900	
	DEV5			0.817	

注：仅列出大于 0.5 因子载荷。

第三节 模型检验

一、正式调研

经过预调研，验证了心理契约破裂测量量表的内部一致性信度和结构效度，根据信度和效度数据分析的结果，最终确定心理契约破裂概念包括四个维度共计20个测量题项构成。此外，在正式调研问卷中还需要加上被调查者基本资料的相关调查问题，得到"心理契约破裂模型调查问卷"（见附录A）。

正式调研实施过程自2015年7月开始，9月底完成。同预调研一样，样本获取主要来源于社会关系，通过亲属、朋友等。问卷发放采用线上和线下两种方式，线上采用电子邮件、QQ或微信等即时通信工具，线下采用纸质问卷进行面对面调查。正式调研结束后，对回收的问卷进行整理和汇总，得到问卷基本情况如表4－5所示，被调查者信息基本情况如表4－6所示。

表4－5　问卷基本情况

	发放问卷（份）	实际回收问卷（份）	有效问卷（份）	回收有效率（%）
累计	400	385	370	92.5

表4－6　被调查者信息基本情况

项目		累计（%）	项目		累计（%）
性别	男	50.2	工作时间	≤1	21.4
	女	49.8		1～3	9.7
年龄（岁）	≤20	0.2		3～5	19.4
	21～30	72.8		5～10	18.9
	31～40	23.9		≥10	30.6
	41～50	2.7	职务	技术人员	21.7
	≥51	0.5		基层管理人员	35.2
教育程度	高中及以下	6.5		中层管理人员	30.3
	大学	77.8		高层管理人员	10.4
	研究生及以上	15.7		其他	2.4

二、信度和效度分析

1. 内部一致性信度分析

如预调研中所述，信度指的是对同一个对象反复进行测量时，得到的结果是一致的，即对量表稳定性的测量。使用 SPSS16.0 统计软件对心理契约破裂模型的内部一致性信度进行了检验，结果如表 4 - 7 所示。

表 4 - 7　内部一致性信度分析结果

维度代码	题项代码	CITC	Alpha if Item Deleted	Cronbach's α
TRA	TRA1	0.817	0.891	0.916
	TRA2	0.753	0.904	
	TRA3	0.771	0.900	
	TRA4	0.748	0.905	
	TRA5	0.842	0.887	
REL	REL1	0.861	0.970	0.969
	REL2	0.952	0.955	
	REL3	0.915	0.961	
	REL4	0.883	0.966	
	REL5	0.945	0.956	
SUP	SUP1	0.860	0.941	0.951
	SUP2	0.907	0.933	
	SUP3	0.878	0.938	
	SUP4	0.907	0.933	
	SUP5	0.782	0.954	
DEV	DEV1	0.752	0.932	0.934
	DEV2	0.849	0.914	
	DEV3	0.810	0.921	
	DEV4	0.887	0.907	
	DEV5	0.827	0.918	

根据表 4 - 7 结果显示，心理契约破裂四个维度的 Cronbach's α 值均大于 0.7，并且题项—总体相关系数也都大于 0.5，删除某个题项之后，对应变量的 Cronbach's α 值不会显著提升，表明本研究的心理契约破裂测量模型具有较好的内部一致性信度。

2. 探索性因子分析

内部一致性信度分析完成后，需要对心理契约破裂模型进行探索性因子分析，分析结果见表4-8。

表4-8　探索性因子分析

维度代码	题项代码	因子			
		1	2	3	4
TRA	TRA1				0.818
	TRA2				0.788
	TRA3				0.806
	TRA4				0.789
	TRA5				0.839
REL	REL1	0.814			
	REL2	0.908			
	REL3	0.882			
	REL4	0.845			
	REL5	0.913			
SUP	SUP1		0.807		
	SUP2		0.842		
	SUP3		0.853		
	SUP4		0.870		
	SUP5		0.772		
DEV	DEV1			0.735	
	DEV2			0.870	
	DEV3			0.798	
	DEV4			0.890	
	DEV5			0.810	

注：仅列出大于0.5因子载荷。

如表4-8所示，探索性因子分析的KMO值为0.905；Bartlett's球形检验的 x^2 值为453.07， $p < 0$ ，表明调研数据适合做因子分析。探索性因子分

析共提取 5 个因子，累计方差贡献率为 87.78% 。测量同一维度的指标都载荷到原先指定的维度上，并且因子载荷值都大于 0.5。表明心理契约破裂四个维度划分是正确的。

3. 收敛效度分析

探索性因子分析不能对最终因子总体的拟合优度进行量化。收敛效度的分析可以很好地解决这一问题，能够评价模型拟合优度。收敛效度是指测量同一变量的不同测量题项之间的相关性程度，应用验证性因子技术进行检验。Fonell 和 Larcker（1981）指出标准化因子载荷系数大于 0.5，平均方差提取量大于 0.5。使用 LISREL8.7 对心理契约破裂测量量表的收敛效度进行检验，研究结果如表 4 - 9 和图 4 - 2 所示。

表 4 - 9 收敛效度分析

潜变量代码	测量变量代码	标准化因子负荷	T 值	标准化误差项	平均方差提取量
TRA	TRA1	0.92	16.99	0.31	
	TRA2	0.77	12.89	0.29	
	TRA3	0.73	11.81	0.21	0.6807
	TRA4	0.74	11.99	0.28	
	TRA5	0.94	17.45	0.14	
REL	REL1	0.84	14.90	0.08	
	REL2	1.00	19.84	0.08	
	REL3	0.90	16.64	0.12	0.8471
	REL4	0.86	15.44	0.19	
	REL5	0.99	19.64	0.15	
SUP	SUP1	0.89	15.99	0.19	
	SUP2	0.94	17.85	0.29	
	SUP3	0.89	16.20	0.23	0.7983
	SUP4	0.94	17.82	0.19	
	SUP5	0.80	13.48	0.14	

续表

潜变量 代码	测量变量 代码	标准化因子 负荷	T 值	标准化 误差项	平均方差 提取量
DEV	DEV1	0.77	12.77	0.15	
	DEV2	0.92	17.06	0.15	
	DEV3	0.81	13.73	0.12	0.7374
	DEV4	0.95	18.05	0.12	
	DEV5	0.83	14.45	0.15	

如表 4-9 所示，因子载荷值均大于 0.5；平均方差提取量均大于 0.5。因此，心理契约破裂四个维度的收敛效度较好。

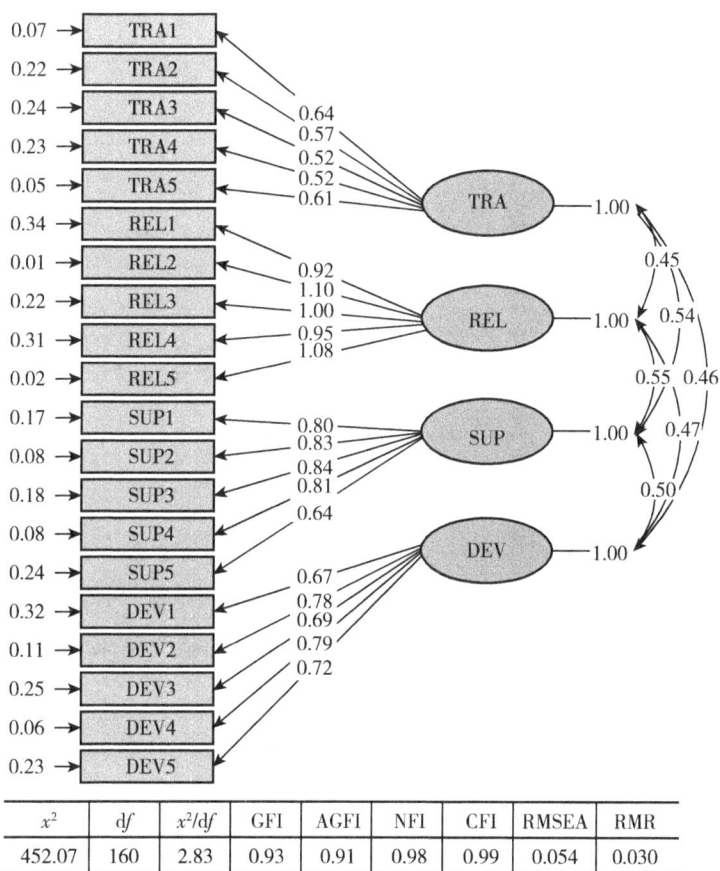

x^2	df	x^2/df	GFI	AGFI	NFI	CFI	RMSEA	RMR
452.07	160	2.83	0.93	0.91	0.98	0.99	0.054	0.030

图 4-2 验证性因子分析

如图 4 - 2 所示，心理契约破裂测量模型的 x^2/df 为 2.83，符合 2 ~ 5
接受区间；GFI 为 0.93，AGFI 为 0.91；NFI 为 0.98，CFI 为 0.99，均大于
0.80 接受标准；此外，RMSEA 的值为 0.054，RMR 的值为 0.030，均小于
研究设定的标准 0.10 和 0.05。因此，心理契约破裂模型的验证性因子分
析与数据的拟合状况较好。

4. 区别效度分析

区别效度（discriminant validity）是指不同维度之间是否存在足够的差异
程度[130 - 132]。使用平均方差提取量（AVE）进行测量，要求平均方差提取量
（AVE）值的平方根大于两个维度之间的相关系数，分析结果见表 4 - 10。

表 4 - 10 区别效度分析结果

潜变量代码	TRA	DEL	SUP	DEV
TRA	**0.8250**			
REL	0.32	**0.9204**		
SUP	0.49	0.47	**0.8935**	
DEV	0.35	0.45	0.41	**0.8587**

由表 4 - 10 可知，心理契约破裂各个维度的平均方差提取量（AVE）
的平方根（表中对角线加黑粗体字）显著大于两个维度之间的相关系数，
表明心理契约破裂各个维度有较好的区别效度。

5. 交叉效度分析

为了保证原先的结构效度，并检验测量量表能够用于其他被试对象
群，需要进行交叉效度（cross validity）检验。具体做法是把原始样本数据
进行分组，然后对每组进行检验。如果每个小组的检验结果具有较高的一
致性，说明交叉效度较好。

本书的研究依据企业规模将样本分为两组：组一样本是大型企业的员
工，样本数量为 190，占总体样本的 51.35%；组二样本是中小型企业员
工，样本量为 180，占总体样本的 48.65%。分别对两组样本进行验证性因
子分析，得到交叉效度分析结果，如表 4 - 11 所示。

表 4 - 11　交叉效度分析结果

拟合度指标	x^2	df	x^2/df	GFI	AGFI	NFI	CFI	RMSEA	RMR
样本组一（190）	253.17	160	1.58	0.88	0.87	0.95	0.99	0.051	0.035
样本组二（180）	266.58	160	1.67	0.88	0.86	0.96	0.98	0.055	0.041

由表 4 - 11 的结果数据可知，样本组一的 x^2/df 值为 1.58，样本组二的 x^2/df 值为 1.67，有研究指出 x^2/df 小于 2 也属于正常接受范围[113]，所以两组的 x^2/df 值符合要求；此外，样本组一和样本组二的其他拟合指标均符合可接受的检验标准。表明心理契约破裂测量量表的交叉效度较好。

6. 律则效度分析

新开发的量表所测度的概念需要与已有理论中所阐述的概念关联，此时需要进行构建变量间的逻辑关联网络（nomological network）[130 - 132]，通过文献回顾和逻辑论证分析，进行变量关系假设并进行实证检验。如果得到与理论预期一致的变量关系，那么新开发的量表具备较好的律则效度。

在检验心理契约破裂测量量表的律则效度过程中，"心理契约模型调查问卷"包含了测量"离职倾向"（turnover intention）（变量代码为 TI）变量，包括三个测量题项"我想再工作一段时间"（测量题项代码为 TI1）、"我想寻找其他工作机会"（测量题项代码为 TI2）、"我想辞去目前的工作（测量题项代码为 TI3）"。律则效度检验结果如表 4 - 12 和图 4 - 3 所示。

表 4 - 12　律则效度分析

路径	标准化路径系数	T 值
TRA→TI	0.05	3.54
REL→TI	0.14	2.38
SUP→TI	0.05	7.05
DEV→TI	0.12	4.03
x^2　658.28	NFI	0.98
df　237	CFI	0.99
x^2/df　2.78	IFI	0.99
RMSEA　0.053	GFI	0.92
RMR　0.032	AGFI	0.90

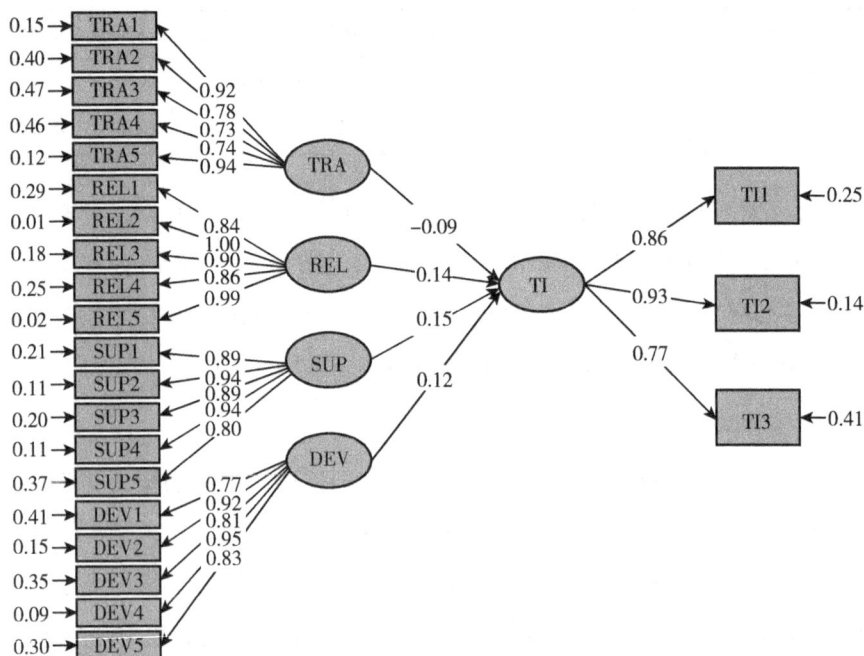

图4-3 律则效度分析

由表4-12和图4-3可知，心理契约破裂各个维度到离职倾向之间路径系数的 t 值均大于1.96；x^2/df 等于2.78，符合2~5接受区间；GFI、AGFI、NFI和CFI分别为0.92、0.90、0.98和0.99，均大于0.80的接受标准；RMSEA和RMR分别为0.053和0.032，均小于0.10和0.05的标准；心理契约破裂的四个维度对"离职倾向"都有显著的影响。因此，心理契约破裂测量量表律则效度较好。

三、二阶验证性因子分析

为了进一步检验心理契约破裂各个维度之间的相关性程度能否提取更高一阶的共同因子，需要进行二阶验证性因子分析[129]。具体做法是将心理契约破裂的四个维度作为一阶因子，心理契约破裂作为二阶共同因子，其中心理契约破裂（psychological contract breach）的代码为PCB。二阶验证性因子分析结果见表4-13和图4-4。

表 4-13 二阶验证性因子分析

二阶因子代码	一阶因子代码	路径系数	T 值	观测变量代码	标准化负荷系数
PCB	TRA	0.68	9.11	TRA1	0.92
				TRA2	0.77
				TRA3	0.73
				TRA4	0.74
				TRA5	0.94
	REL	0.69	9.09	REL1	0.84
				REL2	1.00
				REL3	0.90
				REL4	0.86
				REL5	0.99
	SUP	0.78	10.43	SUP1	0.89
				SUP2	0.94
				SUP3	0.89
				SUP4	0.94
				SUP5	0.80
	DEV	0.66	8.08	DEV1	0.77
				DEV2	0.92
				DEV3	0.81
				DEV4	0.95
				DEV5	0.83

x^2	df	x^2/df	GFI	AGFI	NFI	CFI	RMSEA	RMR
576.54	165	3.49	0.93	0.91	0.97	0.98	0.064	0.091

由表 4-13 可知，心理契约破裂四个维度作为一阶因子载荷到心理契约破裂这个二阶共同因子的标准化路径系数分别为 0.68、0.69、0.78、0.66，均大于 0.5，表明二阶因子模型拟合度比较好。

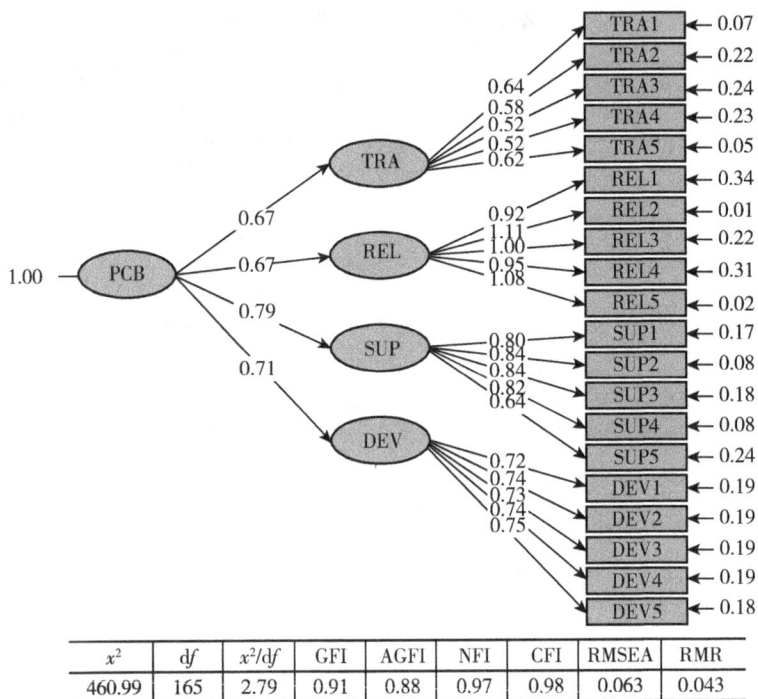

x^2	df	x^2/df	GFI	AGFI	NFI	CFI	RMSEA	RMR
460.99	165	2.79	0.91	0.88	0.97	0.98	0.063	0.043

图 4 - 4   二阶验证性因子分析模型

由图 4 - 4 可知，二阶验证性因子模型的 x^2/df 为 2.79；GFI、AGFI、CFI、NFI 的值分别为 0.91、0.88、0.97、0.98；RMSEA 为 0.063，RMR 为 0.043，拟合指标较好。这些拟合度指标说明心理契约破裂的四个维度能够很好地收敛于心理契约破裂这一更高层面的概念。

至此，通过心理契约破裂测量量表的开发过程表明测量心理契约破裂模型是正确和有效的，可以用于后续的研究工作。

第四节　心理契约破裂模型的动态演变

一、心理契约破裂模型的动态性

心理契约破裂模型中各因素之间的关系在时间上存在动态的发展性。

一方面，心理契约破裂自身是发展变化的。员工进入企业时开始了个体的认知过程，在关系建立时，员工会围绕自己的工作目标搜寻和心理契约有关的信息。无论持有的是交易型目标还是关系型目标，都是员工信息收集的重要动力，员工对这些信息的消化会形成员工的心理契约破裂，由于信息量较少，心理契约破裂的程度低。随着员工实际进入企业工作，越来越融入企业中，通过社会化或其他企业实践活动，会给员工持续地传递大量信息，员工对信息的判断力也随之增强，此时心理契约破裂的程度逐渐加强，越是负面的信息，心理契约破裂越是严重。

另一方面，心理契约破裂模型中各构成因素之间存在演变发展过程。心理契约破裂的概念及其构成维度从逻辑界定的视角来看，是一个反映型概念，四个具体维度都可反映心理契约破裂概念，心理契约破裂的总体性评价包括多个要素的认知，确定了交易型心理契约破裂、人际关系型心理契约破裂、工作支持型心理契约破裂、发展型心理契约破裂四个具体维度，员工从上述四个方面进行认知，最终形成自己对心理契约破裂的判断，即如果员工感知到自己已为承诺做出贡献，而这些贡献却没有得到相应的回报，那么感知契约破裂就发生了。员工感知心理契约破裂会表现出不同的形式，也就是心理契约模型包含的四个维度，并且四个维度不是固定不变的，它随员工在企业的成长变化及环境的变化而变化，遵循一个演变过程，即由交易型心理契约破裂肇始，演化到人际关系型心理契约破裂，再到工作支持型心理契约破裂，最后是发展型心理契约破裂。

二、心理契约破裂模型构成维度的演变

1. 交易型心理契约破裂

员工进入企业后，企业为了自身的发展，会给予员工一定的经济利益（薪酬、奖金、培训等）作为员工努力工作的回报。前者是以经济交换为基础的契约关系，我们称之为交易型心理契约。

在员工和企业建立业务关系的阶段，企业和员工之间的关系可以被描述为一个"旅行者"，这是一个临时的关系，通常存在于企业与员工关系

建立初期。在这个过程中，企业与员工之间相互理解，两者之间的关系有进一步发展的可能性。员工需要了解企业，而企业也需要初步判断员工是否属于目标员工和有价值的员工。这一阶段，员工不积极保持起初在企业的形象，组织忠诚度不高，和企业的关系是纯粹的经济交易；企业面对激烈竞争的市场环境，为了生存与员工之间的关系往往是游客的关系状态，无法履行对员工的奖励，所以交易型心理契约破裂就会出现。

2. 人际关系型心理契约破裂

企业和员工行为的发展关系来自双方的互动和情感交流，不仅仅是企业信息的联系和双方信息的交流。通过企业与员工之间的互动，企业对员工增进了解，建立信任。交互的员工会产生情感寄托到企业，逐步产生企业归属感、组织认同，形成企业附属。企业和员工的关系相互作用主要是通过企业经验和关怀的方式，员工感知到具有企业个性的企业经验，欣赏它的企业文化，形成一个稳定的认知态度。随着企业和员工沟通，员工对企业的认可度逐渐提高，逐渐形成密切的关系，就像朋友。这个时候企业也试图通过一些生活关照、情感联系、尊重理解，深化和员工之间的关系。

此时，员工不再更多地关注与企业的经济交易关系，而是希望企业提供良好的人际环境、生活关照、情感关心、尊重理解等，希望"朋友"的关系加深并持续下去。如果企业未能做到，会导致员工开始认识到未被尊重、缺乏情感的关怀，进而引发员工的人际关系型心理契约破裂，那么心理契约破裂就从交易型心理契约破裂演变到了人际关系型心理契约破裂。

3. 工作支持型心理契约破裂

当企业与员工关系发展到了一定状态，员工在企业中更多关注自身工作状况。企业需要增加投入以在工作中全力支持员工发展，尽可能把企业与员工关系维持在一种理想的状态，以保持企业的员工资产。

企业与员工的关系体现在以下两个方面：一方面，企业已经融入员工的日常生活，员工充分认识企业，企业作为他们生活不可缺少的一部分，显示企业的沉浸行为；企业注重开发价值的关系，关注员工的具体需求。

企业与员工之间显示高度稳定的关系，企业价值观和员工价值观融合，员工在物质上和精神上都对企业产生一种高度的归属感和依赖性。另一方面，因为企业有一个独特的空间取向或有一些临时的独特优势，而其他企业无法选择，企业和员工之间的关系就像邻居，表现出表面稳定的关系，员工对企业表现出"虚情假意"的依赖和忠诚。而当企业未能按照员工个人能力和技术专长合理安排工作岗位、无法提供良好且安全的工作环境、不能提供足够的资源完成工作、没有肯定员工的工作和业绩、工作负荷加重、工作上缺乏充分的自主空间、不允许员工参与组织重大决策等情况发生时，员工的工作支持型心理契约破裂出现。

4. 发展型心理契约破裂

发展型心理契约破裂影响了企业的发展性支持——企业给员工提供机会来提高他们的专业技能和领导的整体意识。一是从正规的培训活动中获得自身的能力增长；二是在主管者与员工之间交换关系的模式中获得资源和指导。在企业培训中，通过员工职业生涯发展这种方式帮助员工掌握市场化、可转移的技能，这种无边界职业生涯个人发展概念，是一种"授人以渔"类型的发展支持。如若员工在晋升过程中看不到自己在企业中的发展前景，就会认为努力工作并不能换来自己想要得到的东西；一旦这样，员工将减少努力工作的劲头，同时不再专注于业务培训和发展活动，从而认为企业发展支持性降低，然后进化成为发展型心理契约破裂。

三、心理契约破裂模演变过程的影响因素

心理契约破裂模型演变过程的影响因素主要来自企业、员工和竞争者三个方面，下面对每一个方面进行详细的阐释。

1. 企业驱动

企业面临竞争对手的时候有足够的力量促进员工和企业的关系演变。为了提高企业绩效，完成可持续性操作，期望通过提高员工和企业的关系，使其向有利的方向发展。一些企业通过努力改善工作环境，提高员工待遇，实现员工忠诚度计划，加强与员工的沟通，使家庭关系融入企业和

员工中。如技术进步削弱了企业内部结构的稳定性。由于技术进步步伐的加快和维护稳定的结构之间存在内在矛盾，越来越快的技术进步减少了稳定工作结构的可能性。在技术进步的压力下，一些工作内容的改变甚至可能使工作永远消失。当员工通过培训掌握了企业内部劳动力市场的专业技能，也许这种特殊技能变化下的技术范式是过时的，因此，在内部劳动力市场通过逐渐长期积累技能的发展方式显然不符合技术的快速发展。技术进步不断提高员工教育的需求程度，相对于低水平教育的员工技能逐渐积累，文化程度高的员工更多选用的是应用技术。

2. 员工驱动

一个有私心行为的员工，也可促进企业与员工关系的演变。企业可以为员工提供长期的工作岗位，这样就有效地避免了员工失业的可能性。这样一来，员工为了更好地证明自己，便会更加投入工作来证明自己，从而可能会主动追求晋升或者通过获得优秀员工来更好地尽忠于企业。进而员工的私心也会淋漓尽致地得到体现，这样便会对企业的发展产生不利。当员工的私欲得到满足，员工便不会再实实在在为企业效力，企业也不会再具有强烈的吸引力来控制员工，从而员工会向往更高层次的企业和更高领域的待遇，进而打破平衡。

3. 竞争者驱动

没有竞争，就不会有动力。企业与员工之间也存在这样的关联。企业与企业之间的竞争，会产生胜者为王；员工与员工之间的竞争，便会优胜劣汰。所以说，竞争者也在扮演着破坏者的角色。竞争对手可能采取正当的或不正当的竞争手段，损害对方的员工和企业的关系，并促使其恶化，进而为自己谋取新的机会。例如，通过提供更合适的工作，采取优惠的薪酬激励措施，吸引竞争对手的员工[133]，也可能采取散布谣言和诽谤名誉等不正当手段，制造危险事件，故意伤害对方的员工和企业的关系。

第五章　心理契约破裂对企业与员工共生关系的影响

第一节　企业与员工共生关系演进分析

一、企业与员工共生关系演进模型

企业与员工共生关系的演进体现在两方面，一是企业与员工的共生关系不断加深；二是企业业绩提升和员工参与度提高。参与度最显著的表现就是一方参与到另一方的行为活动当中，双方各自的获益来自于参与和互助。就企业和员工关系的演进来讲也同样适用于共生理论。具体表现为，企业与员工的共生关系从寄生经过偏利共生，到非对称性互惠共生，最终发展成对称性互惠共生。在这个演进过程中，企业与员工间利益的分配逐渐趋向于均衡，由于收益的良好预期，企业与员工积极互动，往往会趋向于协同合作，也会在彼此的增值行为中提高总体收益，共生关系逐渐紧密。基于此，本书构建了企业与员工共生关系发展的模型，如图 5-1 所示。

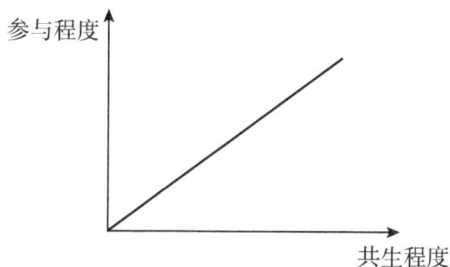

图 5-1　企业与员工共生关系演进模型

图 5 - 1 简化与抽象了企业与员工共生关系的演进过程。其中，纵轴代表企业与员工的参与程度，横轴代表企业与员工的共生程度。由该模型可知，随着横轴共生程度的增强，纵轴当中彼此的参与程度也逐步增强。也就是说，随着企业与员工共生程度的增强，双方在彼此行为活动中的重要性也在增强，同样，伴随参与度的提高，共生度也同样在增强。

二、企业与员工共生关系演进实质

协同是一种典型的相互参与行为。就企业而言，协同就是企业与员工以提高企业整体竞争实力为目的而进行的相互协作和协调[134]。员工积极贡献是企业战略目标实现的关键，但考虑到二者存在目标差异，企业的战略目标和员工的个人目标需要融合，即企业实现战略目标的同时员工也能实现个人目标，这种协同关系错综复杂，会受到协同律的支配[135-136]。企业与员工目标的协同性是指受到协同律的支配，企业与员工的目标在各自的实现过程中自觉调整、相互促进，由有序到无序再到新的有序，由协同到不协同再到新的协同的过程[137-138]。

在企业与员工共生关系演进过程中，企业因技术、产品质量、品牌等具体问题的改进，需要员工也能随之变化，否则共生关系就难以持续进行；同时，员工的进化也使自身产生了优势，对企业构成威胁，迫使企业发生改变。这就是说共生环境迫使双方不断进化，最终实现两者协同进化[139-140]。就企业与员工而言，要求企业在发展自身的同时，能了解员工需求，将企业目标同员工目标相结合，共同创造价值。企业应该正确认识其与员工的关系，否则，就会失去人力资源优势，陷入危机。如果企业关注短期利益，依仗强势地位损害员工利益，结果就会对员工的工作积极性和工作绩效产生影响，导致企业竞争能力降低。总之，企业与员工的协同进化是二者共同发展的必然选择，也是科学选择。

事实上，企业最初正是在与员工的协同进化中学习和探索如何与员工开展协同的。培养协同进化理念，形成协同进化能力，对企业经营和员工实践都是非常必要的。不同视野下的"协同"共性在客观上成为企业导入共生关系理念的"润滑剂"，加速了共生、协同、增值、共赢理念向整个企业渗透。协同进化是企业与员工共生关系发展的本质，能够为企业经营管理过程中进行人力资源管理提供新的诠释。

三、企业与员工共生关系演进阶段划分

共生关系不是一成不变的，它具有动态性，随着共生单元性质的动态演变，共生关系也在进行动态的变化，同环境匹配[141-142]。下面对企业与员工共生关系演进阶段及各个阶段的特征做出阐述。

1. 企业与员工共生关系建立阶段

企业与员工共生关系的建立，主要依靠企业与员工对对方发出信息的接触[143]。企业代表承诺、安全和可靠，拥有企业文化。员工则需要搜寻企业信息，寻找适合的企业。由于信息的不对称性和时间、空间、地域的分离性，企业需要使用各种媒介引起员工对其的注意，向员工展示其态度，最终形成员工对企业的认知，鼓励员工更多地了解企业。当企业成为员工的目标之后，企业与员工就开始了双面向的信息交流。员工搜集企业的各种信息，形成对企业的初始态度，用以检验是否有进一步考察的必要，直至最终选择企业[144]。

2. 企业与员工共生关系发展阶段

在企业与员工进行信息接触以后，双方的关系开始发展，双方产生互动等情感交流。随着企业与员工互动，员工加深了对企业的了解，产生信任感、归属感以及认同感，渐渐转变为企业依恋[145]。Chang 和 Chieng（2006）的研究表明，员工的企业体验可分为个体体验和共享体验[146]。对于企业而言，企业要积极主动采纳员工意见，协助员工实现个人价值，让员工在物质和精神需要上得到满足。企业与员工共生关系的发展程度由双方的发展意愿和共同的努力程度来决定。

3. 企业与员工共生关系协调阶段

随着企业与员工内部的协调，企业的运行机制不断得到完善。在这个阶段，企业与员工的关系逐步发展到共生关系的协调阶段。在该阶段，企业与员工共同投入，但是资源和成果分配存在不对称性。这导致了某些参

与者投入的多，但是收益却少；而另一部分参与者投入的少，但是收益却多。利益分配的不均衡性导致了某些参与者的投入积极性下降，合作意愿降低，为企业与员工关系的不稳定性带来了潜在的危险。

4. 企业与员工共生关系成熟阶段

当企业与员工关系发展到了一定状态，企业即使增加投入也不能改善企业与员工的关系，因此，就资源和收益来讲，保持现有的状态是一种必要的和科学的选择。这就是企业与员工共生关系成熟阶段，企业尽可能将其与员工的关系维持在这一状态。Frederick 和 Sasser（1990）的研究指出，企业获得更大的市场份额依赖忠诚的员工[147]。良好的员工和企业关系有利于企业实现利益最大化，Blackston（2000）提出通过构建良好的企业关系可以对企业资产进行有效的构建[148]。Huber 等（2010）指出积极的企业关系能够激起员工对企业强烈的情感依恋[149]。企业通过制订一系列的员工支持计划，增强同员工沟通的效率，提升员工价值观和企业认同感，可以使员工和企业关系保持在一种积极、良好的状态。为了增强员工同企业的关系，某些企业专门为员工建立了网络社区，供员工交流情感，及时解决员工提出的问题，向员工征求企业意见。企业与员工共生关系成熟阶段的关键是要发现和满足员工不断变化的需求。

综上所述，在企业与员工共生关系演变中会表现出个体差异性。即在不同的企业，企业与员工的关系是存在差异的，即使同一个企业、同一个员工或不同的员工在不同阶段，与企业的关系也存在不同。

第二节　企业与员工共生模式分析

一、共生模式内涵

共生单元之间通过相互作用或相互结合形成共生模式。共生模式是共生单元之间相互作用强度的表现。从能量信息交流视角看共生单元相互间的作用，共生模式不仅能够体现共生单元间能力的变动关系，而且也指信息交流[150]。共生模式主要分为共生组织模式和共生行为模式[151-152]。

二、企业与员工共生的组织模式

企业与员工的共生组织模式包括四种类型：点共生模式、间歇共生模式、连续共生模式与一体化共生模式。

1. 点共生模式

企业与员工的点共生模式是指在企业的经营过程中，企业为了进行有效的生产和管理，会与员工进行偶然的合作。点共生模式具有以下五个基本特征。

①从共生界面来看，随机性和不稳定性是主要特点。在共生界面形成过程中，因环境变化，企业与员工相互间的需求并没有特定的指向性，通常先通过接触生成共生界面。此外，由于企业与员工很难获取对方完备信息，相互接触又有随机性，那么共生界面自然带有随机性特点。随机性和不稳定性导致共生界面也极不稳定。

②企业与员工之间的开放特征表现为对外开放程度大于对内开放程度。

③企业与员工之间的分配特征主要取决于共生的行为模式。

④共生界面的性质和功能是企业与员工交流面临的关键问题。

⑤企业与员工间的进化特征虽然存在，但不是特别明显，这同共生行为模式有一定的相关性。

2. 间歇共生模式

多个点共生模式的集合形成了企业与员工的间歇共生模式。从自身需求考虑的企业与员工，合作关系松散，合作的基础是各自的需求。由于合作过程不连续，企业与员工的共生关系是不连续的。但是间歇共生模式同点共生模式的不同在于，间歇共生的共生对象具有特定的指向性，共生关系相对稳定，它不是简单的点共生的堆积，而是一种新的共生模式。间歇共生模式具有以下三个基本特征。

①在共生界面的生成上，间歇共生的共生界面虽然存在一定的随机性，但是总体已经具有必然性。企业与员工彼此接触的频度和了解程度决定共生界面的生成。

②在间歇共生模式下，企业与员工的共生关系有时依赖于环境，有时依赖于二者共生关系。在这种模式下，企业与员工的共生关系的介质存在不稳定性和不连续性。间歇共生模式既可能演进到更高级的共生模式，又可能转变为点共生模式，是一种不稳定的模式。

③在分配特征方面，通常来讲，间歇共生关系持续的时间决定了该模式下的关系——能量转换系数的值。也就是说，要想维持企业与员工共生关系的持续稳定，就必须使彼此获取的收益持续增加。

3. 连续共生模式

企业与员工的连续共生模式是指长期持续且稳定的联系，是企业和员工需求发展的最佳选择。在该种模式下，企业和员工由于存在联系而获利，但是彼此又相互独立。连续共生模式具有以下三个基本特征。

①连续共生模式的共生界面生成已经不再是随机的、偶然的，而是具有一定的连续性。由于共生单元间不间断的联系，因此相较于前两种共生模式，连续共生模式下共生关系已经发生了质的变化，企业与员工的关系倾向于伙伴关系，彼此结成相互依存、相互协作的整体。

②连续共生模式的显著开放特征表现在，其对内开放度小于1，但大于0。也就是说，企业与员工间是相互协作的关系，彼此特别依赖对方；当然，企业与员工之间得到信息流、价值流的活动等依然需要由环境作依托，即对环境的依赖也是必不可少的。

③连续共生模式中，企业与员工的长期合作形成了亲密、信任的伙伴关系，这就使企业与员工产生联动效应，即企业或员工单方面的变化将会对另一方造成影响。

4. 一体化共生模式

同其他共生模式相比，一体化共生模式是指形成了具有独立性质和结构的共生组织或共生体。共生体是共生单元之间作用的载体，是共生单元与环境交互的媒介。一体化共生模式中，共生单元已经丧失了独立的性质和功能，成为共生体的组成部分。该模式具有以下两个基本特征。

①在一体化共生模式中，在共生界面的生成上，其界面生成具有内在的必然性和方向性，是由组织内部事先确定的。在该种模式下，员工是企业的一部分，它们的交流方式、途径是由组织结构来决定的。在共生的非专一性上，在该种模式下，员工已失去了独立意义，完全依赖于企业而生存，因此只能从属于企业。

②在一体化共生模式中，企业与员工的信息公开。企业与员工间的信息传递转化为企业内部各层管理人员和员工或者各个机构之间沟通的内部沟通机制，沟通的阻力相较于前几种共生模式都较小。但是对企业外部环境来讲，企业与员工的信息暴露程度处于可监控的状态。运用开放度来描述即是，企业与员工信息的开放程度在企业内部要远远大于企业外部。

5. 结论

从共生组织模式看：

①在点共生模式下，企业与员工进行偶然的合作。由于信息的不对称性，彼此之间的合作存在较大的阻力或者一方在偶然合作之后感知另一方不能满足自身的需求，那么合作终止。

②在间歇共生模式下，企业与员工间进行多次但非连续的合作。由于企业间竞争或者市场环境的变化，员工在一段时间内同某个企业合作而另一段时间同别的企业合作。

③在连续共生模式下，企业与员工双方保持长久的稳定关系。

④在一体化共生模式下，员工和企业共存亡。由于合作的深度和广度进一步增强，员工成为企业的一员，依赖企业生存，企业也依赖员工的技术和智慧等才能发展。

三、企业与员工共生的行为模式

企业与员工共生的行为模式包括四种类型，即寄生行为模式、偏利共生行为模式、非对称性互惠共生行为模式和对称性互惠共生行为模式。

1. 寄生行为模式

企业与员工寄生行为模式是指，企业与员工中一方必须通过向另一方索取利益才能生存，条件是另一方也乐于提供对方需要的利益。企业与员工的寄生模式有以下几个特点：首先，在该种模式下，通常不会产生新的共生能量；其次，在该种模式下，信息和能量的流动是单向的，即由寄主方向寄生方流动，前者是能力的生产者和输出者，后者是共生能量的净受益者。如果寄生方的利益需求速度小于寄主能力的增长速度，那么寄生关系长期存在的可能性变强。如果寄生方的利益需求速度大于寄主的能量创造速度，寄主的能量消耗太大，这种寄生关系就趋于瓦解。

通常来讲，企业与员工的寄生关系不会提升整体系统运行效率，只能改变利益分配格局。企业与员工寄生关系的存在，主要是寄主希望通过帮助寄生方提升其生产和发展的能力，但是寄生方如果长期依赖于寄主的利益输送，就会损害这种寄生关系，不利于关系进一步演进；如果寄生方不是利益的永恒索取者，对寄主的依赖程度逐步减小，那么寄生关系就是有益的，就可能得到进一步演化。

2. 偏利共生行为模式

企业与员工的偏利共生行为模式是指二者通过合作能够产生共生能量，而且超出他们各自独自运作时所产生的效益的总和。企业与员工其中的一方对超出的效益获得占有，即增长的利益向共生一方进行转移。偏利共生关系的建立有助于共生体整体的运行效率，对获利方的发展具有积极作用，而获利的一方对另一方是没有损害作用的。偏利共生的形成中，没获利的一方通常是员工，当员工自身足够强大到脱离共生体时，就会选择新的合作企业。所以企业与员工的偏利共生关系是不稳定的，难以产生持续的共生作用。

3. 非对称性互惠共生行为模式

在企业与员工互惠的共生系统中，企业与员工均可以产生新的能量，并且两方均可以获益。当员工或者企业的产出必须依赖于企业或者员工时，二者即为非对称性互惠共生行为模式。

4. 对称性互惠共生行为模式

在该模式中，企业与员工依旧是在分工的基础上进行合作，在得到共生产出能量后，二者对产出的能量进行均匀的分配。与非对称性互惠共生行为模式最大的不同除了分配时二者获得能量的多少外，还有一点差异在于：该模式下，企业与员工所产出的新价值相对较大，是四种共生行为模式中最大的一个。由于能量分配的对称性，企业与员工可以同步积累资本能量，二者实现了同步发展。高效的合作与稳定关系使企业与员工双方为了更好地发展，愿意付出自己的努力。

企业与员工共生行为模式主要存在以下几种类型：

①寄生性表现在企业与员工关系依赖共生体中的某主导力量。一般情况下，员工的生活保障来源于从企业那里得到的工资，对企业形成了较大的依赖性。作为组织者，企业并没有因为员工的加入获得更多利润，相反还损失了部分资本，企业成为寄主。现实中这种情况大量存在，如员工中存在的"吃空饷"或"在编不在岗"便是在寄生企业与员工共生模式下发展形成的。

②偏利共生模式类似于寄生，企业取得利润之后，却故意隐瞒，或者只向员工支付一定的奖励，绝大部分的新能量向企业转移。

③非对称性互惠共生下，企业有盈利，产生了新能量，但是由于员工的报酬并非是真正市场化的报酬，报酬不能反映资金的市场价格，新的总利润在企业与员工之间的分配是非对称性互惠的。

④虽然企业与员工的对称性互惠共生是最有效率、最有凝聚力且最稳定的，但实际上明显受限于双方对各种信息、能量等的"保留"。

第三节　企业与员工共生关系各阶段的共生模式

一、建立阶段的共生模式

在初创阶段，企业与员工共生关系会存在寄生模式，投机型参与方不仅不会对共生关系做出贡献，反而会不间断地从对方获得对自己有利的资源，例如，员工会获得企业给予的报酬、职位等；企业会获得员工的智力、人际关系网络等。这种行为模式的存在，会导致企业内部的冲突，使企业与员工共生关系处于不稳定状态。

由于寄生模式没有产出新能量，并且企业与员工中必有一方会无回报的损失自身能量，长期来看，这是一种不可能稳定的共生模式。

二、发展阶段的共生模式

在企业与员工共生关系发展阶段，企业与员工一般采取的是偏利共生模式，"利"总是偏向一方。从寄生关系的演化可以得知，寄生关系在向互惠共生关系演变时，必会经过偏利共生关系，它是一种特殊的共生模式。在员工工作过程中，可能有来自企业的信息支持、金钱回报等，员工得到了相应的收益，此收益即为企业与员工共生系统的新能量，但这部分为员工所有。这在一定程度上激励了员工工作的积极性和工作的努力程度，对员工而言是一种进化。对于企业而言，整个共生中，企业并没有获得利益，当然也没有损失。可见，企业是无私奉献型，这是企业与员工在关系发展过程中建立互信的结果，对后续进行密切合作，逐步走向互惠共生做了有益的铺垫。

在企业与员工共生关系建立后，随着二者相互作用，二者的质参量兼容性达到了较好的效果，企业便会有利员工倾向。这种体现企业综合实力以及对员工和社会负责的态度为员工宣传企业起到了极大的促进作用，良好的口碑效应激发更多的人加入企业，与企业形成共生关系，使得系统的共生密度增大。

即便在发展期，企业具有利他倾向，但这并不意味着企业会持续这样交易下去，虽然利他没有损己，但企业要发展，自身必须得到新的能量，因此，该种共生模式不会被企业长期使用，其稳定性也不是很好。

三、协调阶段的共生模式

受自身所拥有的资源限制，在企业与员工共生关系协调阶段，企业与员工一般采取的是非对称性互惠共生模式。在共生关系发展阶段，企业始终是利于员工，而自身没有得到任何能量，为摆脱此状态，企业作为组织者，推动二者的共生关系向非对称性互惠共生模式发展。进入该模式后，企业与员工进行分工，得到共生能量后，二者进行分配，由于企业具有主导作用，因此得到的能量多于员工。

随着时间的推移，非对称性分配的存在，使得企业积累的能量多于员工，造成企业进化越来越快，而员工进化速度不足，这种结果差异对员工的心理产生极大的负作用，使得员工对现有的共生关系产生怀疑，并且极度不满意，员工可能会萌生结束共生关系的想法。

四、成熟阶段的共生模式

当企业与员工共生关系协调阶段所采用的非对称性互惠共生不能实现稳定时，企业与员工会进一步采取另一种共生模式——对称性互惠共生模式。企业与员工依旧进行分工合作，不同点在于，此时产出能量在企业与员工之间的分配是对称性的。这使得企业和员工都能够以相同的速度积累能量，以相同的速度进化，实现共同的发展。此时，企业与员工之间的物质和信息交换以及能量产出的效率都进入了最好的状态，共生系统实现了高度凝聚力的高速发展状态，并且实现了最稳定的共生状态。

五、企业与员工共生模式选择

企业与员工共生的目的是自己得到单独不能得到的利益，即增加自身的收益。企业与员工在共生关系的建立阶段和发展阶段，对共生模式都会进行不同的选择。在选择过程中，企业与员工主要从以下四个方面来进行选择。

1. 企业与员工形成分工与合作的局面

由于企业与员工拥有不同的资源，因此，分工合作是二者资源共享的体现。企业掌握着金钱资源，它的责任是挑选时机、选择投资对象；员工掌握着知识和劳动力等资源，他们的责任是执行企业决策。二者通过密切配合，相互利用各自掌握的资源，实现利益最大化。

2. 企业与员工需要时间关系的稳定

在关系发展过程中，要实现资源的高度共享，企业与员工中的任何一方都不能因为贪图自身利益而损害大局，否则，关系就会逐渐破裂。

3. 企业与员工必须实现共同发展

企业获得利润后，会将相应的资产再投向其他项目，以创造更大的财富；而此时，员工也必须在企业中得到进化，一方面表现为获得工资报酬的增加，另一方面表现为企业给员工更多的发展空间和学习机会，为企业发展做更大更多的贡献。

4. 企业与员工必须实现利润分配的对等性

企业与员工要实现共同进步，必须有共同进步的资源以及动力，这就要求共生能量的分配必须均匀。

第四节　心理契约破裂对企业与员工共生关系的影响

一、心理契约破裂对企业与员工共生关系的动态影响

在市场环境下，从心理契约的角度来看，企业与员工的共生关系首先可能是过客关系，之后因相互了解渐渐演变为朋友关系，最终发展为亲人的依赖关系或者经过邻里关系再演变为亲人关系。在有些企业与员工的共生关系演变过程中，可能直接由过客关系演变为亲人关系。但是，企业与员工的共生关系并不是一定向所期望的亲人关系发展，在共生关系演进过程中可能会受到竞争者竞争策略和员工认知变化的影响，即企业与员工的关系有可能变好也有可能变坏，既可能由亲人关系退化为邻里关系、朋友关系、过客关系，也可能由亲人关系直接演变为过客关系或者不再有关系。若企业不能处理好其与员工的共生关系，那么共生关系就会变得脆弱，出现衰退的情形，使二者的密切程度和忠诚度呈衰减或下降趋势。当到了一定程度时，就会引起共生关系消逝。

二、心理契约破裂对企业与员工共生关系各阶段的负影响

企业与员工共生关系要经历建立、发展、协调和成熟四个阶段，心理契约破裂在各个阶段会带来不同的负影响。

1. 对共生关系建立阶段的负影响

交易型心理契约破裂会导致员工离职行为的发生，不断反复的交易型心理契约破裂会产生一个恶性循环，最终导致整个组织系统的崩溃和瓦解。在雇佣劳动条件下，对于员工来说，提高生产率和市场份额并不是其主要目标，其最终目的是通过企业生产率的提高和市场份额的提升实现自身对工资、奖金等的追求。因此，即使某一个员工对生产运营持有消极的态度，但是为达到自身对工资、奖金等目标的追求，也必须高效地进行生产经营活动；类似于马斯洛的需求层次理论，员工的需求是多样的，在基本的生理需求、安全需求得到满足以后，其追求的可能是社交、尊重和自我实现的需求，这些需求主要受到组织内在激励的影响，而受到组织投入的影响较小。追求这些目标的员工，如果其需求长期得不到满足，可能会弃企业而去。最终，企业在实际工作中没有给予员工需要的工作帮助与支持引起员工心理契约破裂，在员工和企业行为关系保持阶段出现工作支持型心理契约破裂。因此，在共生关系建立阶段下，员工对企业的认知出现较多的情况是，组织没有兑现先前承诺员工的物质待遇而引起的员工心理契约破裂，即交易型心理契约破裂。

2. 对共生关系发展阶段的负影响

人际关系型心理契约破裂伤害的是企业与员工之间的情感纽带。如果员工具有高度的奉献精神或非常热爱其本身的工作，在工作中得到了精神上的满足，但企业对员工的投入较低，也非常有限，很难达到双方互惠程度，那么员工一味地付出将不会持续很久。例如，企业作业流程中的某些工作，技术含量低，可替代性高，甚至企业与员工的关系可能是临时性的，企业对这类员工的投入一般比较低，若组织没有提供员工需要的良好的人际环境、生活关照、情感关心、尊重理解等，易引起员工心理契约破裂。

3. 对共生关系协调阶段的负影响

工作支持型心理契约破裂损害了组织与员工之间公平的互惠互利关系。按照公平理论的观点，双方的交互并不是追求绝对意义上的"公平"，而是一种相对的平衡。在这一阶段企业和员工关系的发展过程中，如果双方都认为自己的投入和产出之比同对方大致相同，就会产生心理上的公平感知，交换关系得到维持；但是如果一方认为自身的投入同产出之比大于对方，则会产生不公平的感知，可能采取一定的行为减少这种不公平感知；如果一方认为自身的投入和产出比小于对方，则会产生内疚感，并设法消除这种内疚感，以达到心理上的平衡。

4. 对共生关系成熟阶段的负影响

发展型心理契约破裂影响的是企业长远的发展。在共生关系的成熟阶段，企业与员工之间是一种互惠互利的关系模式，彼此期望在收益和付出上对等。在这一阶段，企业或员工的责任是社会交换中的基本要素，当员工感知付出和回报等值时，企业与员工才能维系长久、稳定的关系。当组织没有按照员工的预期为其提供个人成长和发展机会，导致员工没有机会与空间发挥其自身优势和潜能，实现其抱负与理想时，就会引起员工心理契约破裂。在此阶段，员工不了解企业对他的各方面投入和职业发展安排，导致发展型心理契约破裂出现。

第六章　企业与员工共生关系 Logistic 模型

第一节　Logistic 模型特征

Logistic 模型是用来预测生态环境中某一个种群数量随时间变化的情况。它源于相关学者对自然界实际的观察，通过抽象的逻辑推理而形成的[153]。其原始假设主要有：

①种群数量以个为单位，大大小小的个体均匀分布于生态系统中，并且仅在此生态系统中活动；

②系统中所拥有的资源量是一个定值，并且种群中的每个个体获得的资源量相等；

③种群的年龄分布不随时间发生变化，并且个体的增长率相同；

④种群的密度对种群个体增长率具有极其敏感的影响，并且影响程度没有差异；

⑤种群拥有自然界中的资源是有限制的。

上述假设表明，随着种群的发展，其规模越来越大，而每个种群成员获得的资源越来越少。在资源的限制下，种群的增长率将下降，直至为 0。种群规模的相对增长率可用数学表达式表示为：

$$\frac{\mathrm{d}N}{\mathrm{d}t} = rN\left(1 - \frac{N}{K}\right) \tag{6-1}$$

或

$$\frac{\mathrm{d}^2 N}{\mathrm{d}t^2} = r\left(1 - \frac{2N}{K}\right)\frac{\mathrm{d}N}{\mathrm{d}t} = r^2\left(1 - \frac{2N}{K}\right)\left(1 - \frac{N}{K}\right)N \tag{6-2}$$

称方程（6－1）或方程（6－2）为 Logistic 模型。式中 r 为常数，是种群个体平均出生率与平均死亡率之差，其值大于 0，由种群内在性质决定，表示种群的内禀增长率，它反映的是种群成员不受资源限制下的最大增长率。K 表示资源丰富的程度，反映了系统中可以容纳的最大种群数量，N 表示某时间点上系统中的种群数量。如果 N 的值达到了上限 K，那么该种群就会停止增长。

Logistic 模型的具体含义为：受系统所容纳的资源限制，系统最大可接受 K 个种群数量，分配到每个个体后，各自仅有 $1/K$ 的资源量。而在 t 时刻，如果种群数量为 $N(t)$，那么此时该系统占用的资源量为 $N(t)/K$，系统剩余资源量为 $1 - N(t)/K$。

由此含义可知，Logistic 模型反映了种群规模的相对增长率与当时所剩余的资源分量成正比。这种种群密度对种群规模增长的抑制作用，称为密度制约。显然，当不考虑密度制约因素时，Logistic 方程就变成了 Malthus 方程。

对于系统中的剩余资源 $1 - N(t)/K$，也有一些特殊含义：

① 当 t 时间系统中的种群数量 $N(t)$ 较小且接近于 0 时，系统剩余资源 $1 - N(t)/K$ 就趋近于 1。此时，系统资源充足，种群的增长规律较符合指数型，种群的增长速度最大。

② 当 t 时间系统中的种群数量 $N(t)$ 较大且接近于 K 时，系统剩余资源 $1 - N(t)/K$ 就趋近于 0。此时，系统资源几乎为零，种群的增长速度最低，种群数量达到系统极值。

③ 当种群数量 $N(t)$ 随着时间的变化，从 0 逐渐增长至 K 时，系统剩余资源 $1 - N(t)/K$ 将从 1 逐渐降至 0。这反映的是种群可使用资源越来越少，种群的增长速度越来越低。

根据方程（6－1），可知种群达到稳定时，其平衡点有两个：$N = 0$ 和 $N = K$。根据方程（6－2），可知在 $N \in (0, K)$ 上，$dN/dt > 0$；在 $N \in (K, +\infty)$ 上，$dN/dt < 0$。据此可以判断稳定点 $N = K$ 是稳定的，$N = 0$ 是不稳定的。

如果方程（6－1）的初始条件为 $N(0) = N$，那么对该式进行变量分离，容易求得解：

$$N(t) = KN_0 / \left[(K - N_0) e^{-rt} + N_0 \right] \qquad (6-3)$$

由此也可直接看出当 $t \to +\infty$ 时，$N(t) \to K$，其求解曲线的分布如图 6 - 1 所示。

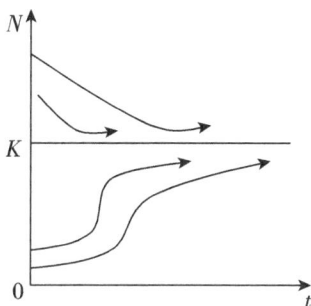

图 6 - 1　求解曲线分布

由图 6 - 1 的曲线分布可知，在共生系统关系建立初期，系统中的种群密度比较低，而系统中的资源非常丰富，系统中的个体可以分摊到较多的资源，因此，在一定的时间内，种群的生长速度图像基本符合指数形式的变化。但是，随着时间的推移，系统中的种群数量增长到了基本饱和的状态，此时，每个个体可以分摊到的资源非常少，个体进化受到限制，系统的发展速度放缓，并且趋于稳定状态，种群数量基本上达到了上限 K。

根据方程（6 - 3）可知，系统中种群数量随时间的变化情况与 r 的值有关，显然随着 r 值的增大而加快，随着 r 值的减小而放缓。可见，$1/r$ 反映了系统达到稳定状态的时间快慢。

对于系统中种群数量随时间的变化情况，还可以通过微分方程的稳定性定理进行分析。方程（6 - 1）表明系统的平衡点有两个：$N = 0$ 和 $N = K$。就前者来说，它的特征值为 $f'(0) = r$，是一个大于 0 的数；就后者来说，它的特征值为 $f'(K) = -r$，是一个小于零的数。因此，由稳定性定理可得知，两个平衡点中，仅有 $N = K$ 是满足稳定条件的，可以断定它是稳定点。

由于 $N \in (0, K)$，因此根据方程（6 - 2）可知，函数 $N(t)$ 关于 t 的二阶导数在 $N \in (0, K/2)$ 时大于 0，在 $N \in (K/2, K)$ 时小于零。具体来说，函数 $N(t)$ 的图像在 $N \in (0, K/2)$ 上属于凹函数，在 $N \in (K/2, K)$ 上属于凸函数。据此可以得到图 6 - 2 所示的 Logistic 方程的大致图像。

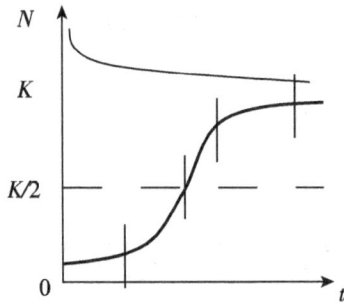

图 6 - 2　Logistic 曲线

　　在图 6 - 2 中，粗的黑实线即为 Logistic 曲线，它是一条"S"型的曲线，反映出了种群随时间变化的规律。根据曲线的走向，可以将其分为五部分：第一部分表示种群建立的初期，其特点是种群数量极少，随时间变化较慢；第二部分表示种群的发展期，其特点是种群数量达到了一定的值，随时间变化非常快；第三部分表示种群的转折期，其特点是种群数量继续增加，与前一时期相比，增加的速度有所放缓；第四部分表示种群的减速期，其特点是种群数量随时间变化极其缓慢；第五部分表示种群的饱和期，其特点是种群数量随时间不再发生变化。

第二节　Logistic 模型在共生关系中的运用

　　经典 Logistic 模型在种群生态学中有着重要的地位及深远的影响，通常认为它阐明了种群与资源关系的逻辑规律。经典 Logistic 模型曲线的"S"型变化给予 Logistic 模型极大的吸引力和生命力。因为在自然界，生物（包括个体和种群）的变化由生到死都经历着由小到大，由起始、发展到消亡的大致相似的阶段。不仅如此，甚至很多社会现象也有这种规律。

　　"S"型是对曲线形状特征的大体描述，至于"S"型的弧度等并没有给出规定，因此，对于"S"型曲线对应的方程来说，其形式有很多种，并不仅仅限于 Logistic 方程给出的那样。从前人大量的研究中可以发现，学者构造的"S"型曲线有很多，但 Logistic 模型因其参数设置较少、方程形式简单、现象描述合理、求解简单而被诸多学者应用。

对于共生关系领域来说，由于共生主体的增长具有受系统资源限制的特点，Malthus 模型并不能对其进行准确的描述，与之相反，Logistic 模型克服了其弱点，因此，生态学、社会学以及管理学的很多领域都使用了 Logistic 模型来研究相应的共生问题[154 - 155]。

第三节　企业与员工共生关系 Logistic 模型构建的基本原则

通过前面对企业与员工共生系统理论基础的研究分析，我们需要对其模型中的各个变量进行定义量化。企业与员工共生关系的量化，是指将企业与员工之间的共生关系用字符的形式表达，具体设定企业与员工的产量公式，合理假设企业与员工之间相互的贡献值，利用共生理论中的模型框架，进行分析讨论。只有通过科学的方法建立分析模型，才可能对稳定性问题做出准确的判断和评价，因此企业与员工共生关系建立模型时应该参照以下原则设定。

一、系统性原则

由于企业与员工内部本身是一个动态的复杂系统，它具有多要素、多层次的特点。因此模型体系应具有系统性，作为一个整体从不同层次、不同角度反映企业与员工共生关系自身的特点和情况。

二、合理性原则

构建 Logistic 模型时，合理性是必须要注意的。只有假设合理，才能推导得出具有参考价值和意义的结论，为后续的运用奠定坚实的基础。

三、逻辑性原则

构建 Logistic 模型要关注逻辑性，逻辑性应该贯穿于模型中。因此，在量化每个指标的过程中，模型整体及其各个部分的逻辑性要严格把握。

四、科学性原则

在 Logistic 模型构建的相关数学指标中，定义应清晰，方法需规范，计算要严谨。

第四节　企业与员工共生关系 Logistic 模型

一、企业与员工共生关系 Logistic 模型的基本假设

根据 Logistic 模型的特点，将企业与员工分别视为不同的自变量来构建二者共生关系的模型。并且企业与员工共生关系有以下六个基本假设：

假设一，该模型指企业与员工间的结合关系；

假设二，在假设一的条件下，企业与员工都将会有一定的利得和损失；

假设三，在二者结合的过程中，由于存在共同的利益，所以会形成一种共生体；

假设四，对于双方来说，假设一的结合关系是必要的，但这种结合关系不能改变双方原有的性质和结构；

假设五，由于二者是出于同一目标的结合，所以对共生环境会产生积极的影响；

假设六，假设一的结合关系主要是内在因素作用的结果而非外在因素作用的结果。

二、企业与员工共生关系 Logistic 模型推导

当企业和员工在一个市场环境中生存时，数量演变均遵从 Logistic 规律，记员工的产出规模为 $x_1(t)$，企业的产出规模为 $x_2(t)$。r_1、r_2 分别是它们的固有增长率，N_1、N_2 分别是它们的最大容量。将 Logistic 模型引入企业

和员工共生关系中。其中因子 $(1 - x_i/N_i)$ 反映由于员工（企业）对企业（员工）的认知消耗导致的对它本身增长的阻滞作用，x_i/N_i 可解释为相对于 N_i 而言单位数量的认知消耗供养其的资源量（设总资源量为 1）。

三、企业与员工共生关系 Logistic 模型中参数拟合方法

Logistic 模型中的参数 r 在不同的文献中具有不同的定义，其中最典型的是 E P Odumd 的定义。E P Odum 指出，"当环境是无限制的（空间、食物和其他有机体等都没有限制性影响），特殊增长率（即平均每个个体的种群增长率）在该微气候条件下是恒定的、最大的。对于某一物种，r 值因结构不同而不同，当建立了稳定的年龄分布时，此时的特殊增长率称为内禀自然增长率（intrinsic rate of natural increase），或 r_{max}"。N 为种群数即当时种群的规模；K 为环境所能容纳的最大种群数即种群所具有的最大增长潜能。

Logistic 曲线拟合的关键就是要确定三个参数：k，a，r。把方程 $N = \dfrac{k}{1 + e^{a-rt}}$ 用取对数的办法变成线性方程，然后用线性方程去拟合参数，即曲线化为 $\ln\left|\dfrac{k - N}{N}\right| = a - rt$，其中，$k > N$，令 $y = \ln\left|\dfrac{k - N}{N}\right|$，于是非线性拟合问题转化为求 a、r，使 $\hat{y} = a - rt$ 和 $y = \ln\left|\dfrac{k - N}{N}\right|$ 的残差平方和最小。

第五节　不同共生关系模式下的 Logistic 模型及稳定性分析

一、寄生模式下的 Logistic 模型

1. 员工受益、企业受害

此时假设企业对员工有一个正向的贡献率 σ_1，员工对企业有一个负

向的贡献率 σ_2，由于员工的产出依赖于企业，据此模型可描述为：

$$
\begin{cases}
\dfrac{dx_1}{dt} = r_1 x_1\left(-1 - \dfrac{x_1}{N_1} + \sigma_1 \dfrac{x_2}{N_2}\right) \\[3mm]
\dfrac{dx_2}{dt} = r_2 x_2\left(1 - \dfrac{x_2}{N_2} - \sigma_2 \dfrac{x_1}{N_1}\right)
\end{cases}
\qquad (6-4)
$$

现考虑方程组（6-4）的稳定性问题。由于方程组（6-4）是自治的非线性方程组，可用线性化方法讨论其平衡点的稳定性。设

$$
\begin{cases}
f(x_1,x_2) \equiv \dfrac{dx_1}{dt} = r_1 x_1\left(-1 - \dfrac{x_1}{N_1} + \sigma_1 \dfrac{x_2}{N_2}\right) = 0 \\[3mm]
g(x_1,x_2) \equiv \dfrac{dx_2}{dt} = r_2 x_2\left(1 - \dfrac{x_2}{N_2} - \sigma_2 \dfrac{x_1}{N_1}\right) = 0
\end{cases}
\qquad (6-5)
$$

代数方程组（6-5）的非负解就是方程组（6-4）的平衡点，解得平衡点 $E_1(0,0)$、$E_2(0,N_2)$ 和 $E_3\left(\dfrac{\sigma_1 - 1}{1 + \sigma_1 \sigma_2}N_1,\ \dfrac{\sigma_2 + 1}{1 + \sigma_1 \sigma_2}N_2\right)$。为了研究各平衡点的稳定性，需要计算方程组（6-4）在 (x_1,x_2) 的系数矩阵，对方程组（6-4）中各方程在平衡点 $E(x_1^0,x_2^0)$ 展开为泰勒级数，略去二次及二次以上各项，得

$$
\begin{cases}
\dfrac{dx_1}{dt} = r_1\left(-1 - \dfrac{2x_1}{N_1} + \sigma_1 \dfrac{x_2}{N_2}\right)(x_1 - x_1^0) + r_1 \sigma_1 \dfrac{x_1}{N_2}(x_2 - x_2^0) \\[3mm]
\dfrac{dx_2}{dt} = r_2\left(1 - \dfrac{2x_2}{N_2} - \sigma_2 \dfrac{x_1}{N_1}\right)(x_2 - x_2^0) + r_2 \sigma_2 \dfrac{x_2}{N_1}(x_1 - x_1^0)
\end{cases}
$$

则系数矩阵记作

$$
J(x_1,x_2) =
\begin{bmatrix}
r_1\left(-1 - \dfrac{2x_1}{N_1} + \sigma_1 \dfrac{x_2}{N_2}\right) & r_1 \sigma_1 \dfrac{x_1}{N_2} \\[4mm]
r_2 \sigma_2 \dfrac{x_2}{N_1} & r_2\left(1 - \dfrac{2x_2}{N_2} - \sigma_2 \dfrac{x_1}{N_1}\right)
\end{bmatrix}
\qquad (6-6)
$$

首先考虑 E_1 的稳定性，把 $E_1(0,0)$ 代入到方程组（6-6）可得 $J(E_1) = \begin{bmatrix} -r_1 & 0 \\ 0 & r_2 \end{bmatrix}$。显然，矩阵 $J(E_1)$ 有一个正特征根 r_2，根据文献可知 E_1 是方程组（6-4）的不稳定平衡点。

接着将 $E_2(0, N_2)$ 代入到方程组（6−6）可得

$$J(E_2) = \begin{bmatrix} r_1(-1+\sigma_1) & 0 \\ r_2\sigma_2\dfrac{N_2}{N_1} & -r_2 \end{bmatrix}$$

则 $J(E_2)$ 的特征方程可以表示为：

$$\lambda^2 - T\lambda + D = 0$$

式中，T 为矩阵 $J(E_2)$ 的迹 $Tr(J(E_2)) = r_1(-1+\sigma_1) - r_2$，$D$ 为矩阵 $J(E_2)$ 的行列式 $Det(J(E_2)) = r_1r_2(1-\sigma_1)$，根据微分方程稳定性理论可知，当 $\sigma_1 < 1$ 时，平衡点 $E_2(0, N_2)$ 是方程组（6−1）的稳定平衡点。

再将 $E_3\left(\dfrac{\sigma_1-1}{1+\sigma_1\sigma_2}N_1, \dfrac{\sigma_2+1}{1+\sigma_1\sigma_2}N_2\right)$ 代入到方程组（6−6）可得

$$J(E_3) = \begin{bmatrix} r_1\dfrac{1-\sigma_1}{1+\sigma_1\sigma_2} & r_1\sigma_1\dfrac{N_1}{N_2}\dfrac{\sigma_1-1}{1+\sigma_1\sigma_2} \\ r_2\sigma_2\dfrac{N_2}{N_1}\dfrac{\sigma_2+1}{1+\sigma_1\sigma_2} & -r_2\dfrac{\sigma_2+1}{1+\sigma_1\sigma_2} \end{bmatrix}$$

因此，矩阵 $J(E_3)$ 的迹和行列式分别为：$Tr(J(E_2)) = \dfrac{r_1(1-\sigma_1) - r_2(\sigma_2+1)}{1+\sigma_1\sigma_2}$，$Det(J(E_3)) = r_1r_2\dfrac{(\sigma_1-1)(\sigma_2+1)}{1+\sigma_1\sigma_2}$。由于企业与员工共生问题是一个现实的经济问题，所以必须考虑非负平衡点的稳定性，故 $\sigma_1 > 1$，$Tr(J(E_3)) < 0$，$Det(J(E_3)) > 0$。根据文献可知，E_3 是方程组（6−4）的稳定平衡点。据此得到表6−1所示的稳定性结果。

表6−1　员工受益、企业受害寄生模式下的 **Logistic** 模型稳定性结果

平衡点	$Tr(J(E_i))$	$Det(J(E_i))$	稳定条件
$E_1(0,0)$	$-r_1 + r_2$	$-r_1r_2$	不稳定
$E_2(0, N_2)$	$r_1(-1+\sigma_1) - r_2$	$r_1r_2(-1+\sigma_1)$	$0 < \sigma_1 < 1$，$\sigma_2 > 0$
$E_3\left(\dfrac{\sigma_1-1}{1+\sigma_1\sigma_2}N_1, \dfrac{\sigma_2+1}{1+\sigma_1\sigma_2}N_2\right)$	$\dfrac{r_1(1-\sigma_1) - r_2(\sigma_2+1)}{1+\sigma_1\sigma_2}$	$r_1r_2\dfrac{(\sigma_1-1)(\sigma_2+1)}{1+\sigma_1\sigma_2}$	$\sigma_1 > 0$，$\sigma_2 > 1$

2. 企业受益、员工受害

此时假设企业对员工有一个负向的贡献率 σ_1，员工对企业有一个正

向的贡献率 σ_2 ，由于企业的产出依赖于员工，据此模型可描述为：

$$\begin{cases} \dfrac{dx_1}{dt} = r_1 x_1 \left(1 - \dfrac{x_1}{N_1} - \sigma_1 \dfrac{x_2}{N_2}\right) \\ \dfrac{dx_2}{dt} = r_2 x_2 \left(-1 - \dfrac{x_2}{N_2} + \sigma_2 \dfrac{x_1}{N_1}\right) \end{cases} \quad (6-7)$$

平衡点的求解过程同上，得到三个平衡点分别为 $E_1(0,0)$、$E_2(N_1,0)$ 和 $E_3\left(\dfrac{\sigma_1+1}{1+\sigma_1\sigma_2}N_1, \dfrac{\sigma_2-1}{1+\sigma_1\sigma_2}N_2\right)$。对方程组（6-7）中各方程在平衡点 $E(x_1^0, x_2^0)$ 展开为泰勒级数，略去二次及二次以上各项，得

$$\begin{cases} \dfrac{dx_1}{dt} = r_1\left(1 - \dfrac{2x_1}{N_1} - \sigma_1\dfrac{x_2}{N_2}\right)(x_1 - x_1^0) + r_1\sigma_1\dfrac{x_1}{N_2}(x_2 - x_2^0) \\ \dfrac{dx_2}{dt} = r_2\left(-1 - \dfrac{2x_2}{N_2} + \sigma_2\dfrac{x_1}{N_1}\right)(x_2 - x_2^0) + r_2\sigma_2\dfrac{x_2}{N_1}(x_1 - x_1^0) \end{cases}$$

则系数矩阵记作

$$J(x_1, x_2) = \begin{bmatrix} r_1\left(1 - \dfrac{2x_1}{N_1} - \sigma_1\dfrac{x_2}{N_2}\right) & r_1\sigma_1\dfrac{x_1}{N_2} \\ r_2\sigma_2\dfrac{x_2}{N_1} & r_2\left(-1 - \dfrac{2x_2}{N_2} + \sigma_2\dfrac{x_1}{N_1}\right) \end{bmatrix} \quad (6-8)$$

参照微分方程稳定性理论，按照第六章第五节寄生模式下"员工受益、企业受害"中的判断过程，将各平衡点代入方程组（6-8），可得到表6-2所示的稳定性结果。

表6-2　企业受益、员工受害寄生模式下的 Logistic 模型稳定性结果

平衡点	$Tr(J(E_i))$	$Det(J(E_i))$	稳定条件
$E_1(0,0)$	$r_1 - r_2$	$-r_1 r_2$	不稳定
$E_2(N_1,0)$	$r_2(-1+\sigma_2) - r_1$	$r_1 r_2(1-\sigma_2)$	$\sigma_1 > 0$，$0 < \sigma_2 < 1$
$E_3\left(\dfrac{\sigma_1+1}{1+\sigma_1\sigma_2}N_1, \dfrac{\sigma_2-1}{1+\sigma_1\sigma_2}N_2\right)$	$\dfrac{-r_1(1+\sigma_1) - r_2(\sigma_2-1)}{1+\sigma_1\sigma_2}$	$r_1 r_2 \dfrac{(\sigma_1+1)(\sigma_2-1)}{1+\sigma_1\sigma_2}$	$\sigma_1 > 0$，$\sigma_2 > 1$

二、偏利共生模式下的 Logistic 模型

1. 员工受益、企业既无利也无害

此时假设企业对员工的偏利效应为 σ_1，据此模型可描述为：

$$\begin{cases} \dfrac{\mathrm{d}x_1}{\mathrm{d}t} = r_1 x_1 \left(1 - \dfrac{x_1}{N_1} + \sigma_1 \dfrac{x_2}{N_2}\right) \\[3mm] \dfrac{\mathrm{d}x_2}{\mathrm{d}t} = r_2 x_2 \left(1 - \dfrac{x_2}{N_2}\right) \end{cases} \qquad (6-9)$$

平衡点的求解过程同上，得到四个平衡点分别为 $E_1(0,0)$、$E_2(N_1,0)$、$E_3(0,N_2)$ 和 $E_4(N_1,(1+\sigma_2)N_2)$。对方程组（6-9）中各方程在平衡点 $E(x_1^0, x_2^0)$ 展开为泰勒级数，略去二次及二次以上各项，得

$$\begin{cases} \dfrac{\mathrm{d}x_1}{\mathrm{d}t} = r_1 \left(1 - \dfrac{2x_1}{N_1} + \sigma_1 \dfrac{x_2}{N_2}\right)(x_1 - x_1^0) + r_1 \sigma_1 \dfrac{x_1}{N_2}(x_2 - x_2^0) \\[3mm] \dfrac{\mathrm{d}x_2}{\mathrm{d}t} = r_2 \left(1 - \dfrac{2x_2}{N_2}\right)(x_2 - x_2^0) \end{cases}$$

则系数矩阵记作

$$\boldsymbol{J}(x_1, x_2) = \begin{bmatrix} r_1\left(1 - \dfrac{2x_1}{N_1} + \sigma_1 \dfrac{x_2}{N_2}\right) & r_1 \sigma_1 \dfrac{x_1}{N_2} \\[4mm] 0 & r_2\left(1 - \dfrac{2x_2}{N_2}\right) \end{bmatrix} \qquad (6-10)$$

参照微分方程稳定性理论，按照第六章第五节寄生模式下"员工受益、企业受害"中的判断过程，将各平衡点代入方程组（6-10），可得到表6-3所示的稳定性结果。

表6-3　员工受益、企业既无利也无害偏利共生模式下的 Logistic 模型稳定性结果

平衡点	$Tr(\boldsymbol{J}(E_i))$	$Det(\boldsymbol{J}(E_i))$	稳定条件
$E_1(0,0)$	$r_1 + r_2$	$-r_1 r_2$	不稳定
$E_3(0,N_2)$	$r_1(-1+\sigma_1) - r_2$	$-r_1 r_2(1+\sigma_1)$	不稳定
$E_2(N_1,0)$	$r_1 - r_2$	$r_1 r_2$	不稳定
$E_4(N_1,(1+\sigma_2)N_2)$	$-r_1 - r_2(1+\sigma_2)$	$r_1 r_2(1+\sigma_2)$	$\sigma_1 > 0$，$\sigma_2 > 0$

2. 企业受益、员工既无利也无害

此时假设员工对企业的偏利效应为 σ_2，据此模型可描述为：

$$\begin{cases} \dfrac{dx_1}{dt} = r_1 x_1 (1 - \dfrac{x_1}{N_1}) \\[3mm] \dfrac{dx_2}{dt} = r_2 x_2 (1 - \dfrac{x_2}{N_2} + \sigma_2 \dfrac{x_1}{N_1}) \end{cases} \tag{6-11}$$

平衡点的求解过程同上，得到四个平衡点分别为 $E_1(0,0)$、$E_2(N_1, 0)$、$E_3(0,N_2)$ 和 $E_4(N_1(1+\sigma_1),N_2)$。对方程组（6-11）中各方程在平衡点 $E(x_1^0,x_2^0)$ 展开为泰勒级数，略去二次及二次以上各项，得

$$\begin{cases} \dfrac{dx_1}{dt} = r_1 (1 - \dfrac{2x_1}{N_1})(x_1 - x_1^0) \\[3mm] \dfrac{dx_2}{dt} = r_2 (1 - \dfrac{2x_2}{N_2} + \sigma_2 \dfrac{x_1}{N_1})(x_2 - x_2^0) + r_2 \sigma_2 \dfrac{x_2}{N_1}(x_1 - x_1^0) \end{cases}$$

则系数矩阵记作

$$J(x_1,x_2) = \begin{bmatrix} r_1(1 - \dfrac{2x_1}{N_1}) & 0 \\[4mm] r_2\sigma_2 \dfrac{x_2}{N_1} & r_2(1 - \dfrac{2x_2}{N_2} + \sigma_2 \dfrac{x_1}{N_1}) \end{bmatrix} \tag{6-12}$$

参照微分方程稳定性理论，按照第六章第五节寄生模式下"员工受益、企业受害"中的判断过程，将各平衡点代入方程组（6-12），可得到表6-4所示的稳定性结果。

表6-4 企业受益、员工既无利也无害偏利共生模式下的 Logistic 模型稳定性结果

平衡点	$Tr(J(E_i))$	$Det(J(E_i))$	稳定条件
$E_1(0,0)$	$r_1 - r_2$	$r_1 r_2$	不稳定
$E_2(N_1,0)$	$r_2(-1+\sigma_2) - r_1$	$-r_1 r_2(1+\sigma_2)$	不稳定
$E_3(0,N_2)$	$r_1 + r_2$	$-r_1 r_2$	不稳定
$E_4(N_1(1+\sigma_1),N_2)$	$-r_1(1+\sigma_1) + r_2$	$r_1 r_2(1+\sigma_1)$	$\sigma_1 > 0$，$\sigma_2 > 0$

值得说明的是，由两种情况下的稳定点 E_4 和稳定条件 $\sigma_1 > 0$，$\sigma_2 > 0$ 可以看出：无利益方在不能够获得共生收益时也会主动从事共生活动。这可能是由于受所应得的效益强烈外部化（如错误的决策）或者如果不共生就会对其带来阻滞的影响，而通过共生可以很好地消除。

三、非对称性互惠共生模式下的 Logistic 模型

此时假设企业对员工有一个正向的贡献率 σ_1，员工对企业有一个正向的贡献率 σ_2。由于企业可以独立增长，而员工只能依附企业增长，据此相关模型可描述为：

$$\begin{cases} \dfrac{\mathrm{d}x_1}{\mathrm{d}t} = r_1 x_1 \left(-1 - \dfrac{x_1}{N_1} + \sigma_1 \dfrac{x_2}{N_2} \right) \\ \dfrac{\mathrm{d}x_2}{\mathrm{d}t} = r_2 x_2 \left(1 - \dfrac{x_2}{N_2} + \sigma_2 \dfrac{x_1}{N_1} \right) \end{cases} \quad (6-13)$$

平衡点的求解过程同上，得到三个平衡点分别为 $E_1(0,0)$、$E_2(0,N_2)$ 和 $E_3 \left(\dfrac{\sigma_1 - 1}{1 - \sigma_1 \sigma_2} N_1, \dfrac{-\sigma_2 + 1}{1 - \sigma_1 \sigma_2} N_2 \right)$。对方程组（6-13）中各方程在平衡点 $E(x_1^0, x_2^0)$ 展开为泰勒级数，略去二次及二次以上各项，得

$$\begin{cases} \dfrac{\mathrm{d}x_1}{\mathrm{d}t} = r_1 \left(-1 - \dfrac{2x_1}{N_1} + \sigma_1 \dfrac{x_2}{N_2} \right)(x_1 - x_1^0) + r_1 \sigma_1 \dfrac{x_1}{N_2}(x_2 - x_2^0) \\ \dfrac{\mathrm{d}x_2}{\mathrm{d}t} = r_2 \left(1 - \dfrac{2x_2}{N_2} + \sigma_2 \dfrac{x_1}{N_1} \right)(x_2 - x_2^0) + r_2 \sigma_2 \dfrac{x_2}{N_1}(x_1 - x_1^0) \end{cases}$$

则系数矩阵记作

$$\boldsymbol{J}(x_1, x_2) = \begin{bmatrix} r_1 \left(-1 - \dfrac{2x_1}{N_1} + \sigma_1 \dfrac{x_2}{N_2} \right) & r_1 \sigma_1 \dfrac{x_1}{N_2} \\ r_2 \sigma_2 \dfrac{x_2}{N_1} & r_2 \left(1 - \dfrac{2x_2}{N_2} + \sigma_2 \dfrac{x_1}{N_1} \right) \end{bmatrix} \quad (6-14)$$

参照微分方程稳定性理论，按照第六章第五节寄生模式下"员工受益、企业受害"中的判断过程，将各平衡点代入方程组（6-14），可得到表6-5所示的稳定性结果。

表 6 - 5　非对称性互惠共生模式下的 **Logistic** 模型稳定性结果

平衡点	$Tr(J(E_i))$	$Det(J(E_i))$	稳定条件
$E_1(0,0)$	$r_1 - r_2$	$-r_1 r_2$	不稳定
$E_2(0, N_2)$	$r_1(-1 + \sigma_1) - r_2$	$-r_1 r_2(-1 + \sigma_1)$	$0 < \sigma_1 < 1$, $\sigma_2 > 0$
$E_3\left(\dfrac{\sigma_1 - 1}{1 - \sigma_1 \sigma_2}N_1, \dfrac{-\sigma_2 + 1}{1 - \sigma_1 \sigma_2}N_2\right)$	$\dfrac{r_1(1 - \sigma_1) + r_2(\sigma_2 - 1)}{1 - \sigma_1 \sigma_2}$	$r_1 r_2 \dfrac{(\sigma_1 - 1)(1 - \sigma_2)}{1 - \sigma_1 \sigma_2}$	$\sigma_1 > 1$, $0 < \sigma_2 < 1$, $0 < \sigma_1 \sigma_2 < 1$

四、对称性互惠共生模式下的 Logistic 模型

此时假设企业对员工有一个正向的贡献率 σ_1，员工对企业有一个正向的贡献率 σ_2，此时企业与员工的产出可能是相互独立的，也可能是相互依赖的，据此相关模型可描述为：

1. 企业与员工均独立增长

$$\begin{cases} \dfrac{dx_1}{dt} = r_1 x_1 \left(1 - \dfrac{x_1}{N_1} + \sigma_1 \dfrac{x_2}{N_2}\right) \\ \dfrac{dx_2}{dt} = r_2 x_2 \left(1 - \dfrac{x_2}{N_2} + \sigma_2 \dfrac{x_1}{N_1}\right) \end{cases} \quad (6-15)$$

平衡点的求解过程同上，得到四个平衡点分别为 $E_1(0,0)$、$E_2(N_1, 0)$、$E_3(0, N_2)$ 和 $E_4\left(\dfrac{1 + \sigma_1}{1 - \sigma_1 \sigma_2}N_1, \dfrac{1 + \sigma_2}{1 - \sigma_1 \sigma_2}N_2\right)$。对方程组（6 - 15）中各方程在平衡点 $E(x_1^0, x_2^0)$ 展开为泰勒级数，略去二次及二次以上各项，得

$$\begin{cases} \dfrac{dx_1}{dt} = r_1 \left(1 - \dfrac{2x_1}{N_1} + \sigma_1 \dfrac{x_2}{N_2}\right)(x_1 - x_1^0) + r_1 \sigma_1 \dfrac{x_1}{N_2}(x_2 - x_2^0) \\ \dfrac{dx_2}{dt} = r_2 \left(1 - \dfrac{2x_2}{N_2} + \sigma_2 \dfrac{x_1}{N_1}\right)(x_2 - x_2^0) + r_2 \sigma_2 \dfrac{x_2}{N_1}(x_1 - x_1^0) \end{cases}$$

则系数矩阵记作

$$J(x_1, x_2) = \begin{bmatrix} r_1\left(1 - \dfrac{2x_1}{N_1} + \sigma_1 \dfrac{x_2}{N_2}\right) & r_1 \sigma_1 \dfrac{x_1}{N_2} \\ r_2 \sigma_2 \dfrac{x_2}{N_1} & r_2\left(1 - \dfrac{2x_2}{N_2} + \sigma_2 \dfrac{x_1}{N_1}\right) \end{bmatrix} \quad (6-16)$$

参照微分方程稳定性理论，按照第六章第五节寄生模式下"员工受益、企业受害"中的判断过程，将各平衡点代入方程组（6 – 16），可得到表6 – 6所示的稳定性结果。

表6 – 6　企业与员工独立增长对称性互惠共生模式下的 Logistic 模型稳定性结果

平衡点	$Tr(\boldsymbol{J}(E_i))$	$Det(\boldsymbol{J}(E_i))$	稳定条件
$E_1(0,0)$	$r_1 + r_2$	$r_1 r_2$	不稳定
$E_2(N_1,0)$	$-r_1 + r_2(1+\sigma_2)$	$-r_1 r_2(1+\sigma_2)$	不稳定
$E_3(0,N_2)$	$r_1(1+\sigma_1) - r_2$	$-r_1 r_2(1+\sigma_1)$	不稳定
$E_4(\dfrac{1+\sigma_1}{1-\sigma_1\sigma_2}N_1,\dfrac{1+\sigma_2}{1-\sigma_1\sigma_2}N_2)$	$\dfrac{-r_1(1+\sigma_1) - r_2(1+\sigma_2)}{1-\sigma_1\sigma_2}$	$r_1 r_2\dfrac{(\sigma_1+1)(1+\sigma_2)}{1-\sigma_1\sigma_2}$	$0 < \sigma_1 < 1$， $0 < \sigma_2 < 1$

2. 企业与员工均依赖增长

$$\begin{cases} \dfrac{dx_1}{dt} = r_1 x_1 (-1 - \dfrac{x_1}{N_1} + \sigma_1 \dfrac{x_2}{N_2}) \\ \dfrac{dx_2}{dt} = r_2 x_2 (-1 - \dfrac{x_2}{N_2} + \sigma_2 \dfrac{x_1}{N_1}) \end{cases} \quad (6-17)$$

平衡点的求解过程同上，得到两个平衡点分别为 $E_1(0,0)$ 和 $E_2(\dfrac{1+\sigma_1}{\sigma_1\sigma_2-1}N_1,\dfrac{1+\sigma_2}{\sigma_1\sigma_2-1}N_2)$。对方程组（6 – 17）中各方程在平衡点 $E(x_1^0,x_2^0)$ 展开为泰勒级数，略去二次及二次以上各项，得

$$\begin{cases} \dfrac{dx_1}{dt} = r_1(-1 - \dfrac{2x_1}{N_1} + \sigma_1 \dfrac{x_2}{N_2})(x_1 - x_1^0) + r_1\sigma_1 \dfrac{x_1}{N_2}(x_2 - x_2^0) \\ \dfrac{dx_2}{dt} = r_2(-1 - \dfrac{2x_2}{N_2} + \sigma_2 \dfrac{x_1}{N_1})(x_2 - x_2^0) + r_2\sigma_2 \dfrac{x_2}{N_1}(x_1 - x_1^0) \end{cases}$$

则系数矩阵记作

$$\boldsymbol{J}(x_1,x_2) = \begin{bmatrix} r_1(-1 - \dfrac{2x_1}{N_1} + \sigma_1 \dfrac{x_2}{N_2}) & r_1\sigma_1 \dfrac{x_1}{N_2} \\ r_2\sigma_2 \dfrac{x_2}{N_1} & r_2(-1 - \dfrac{2x_2}{N_2} + \sigma_2 \dfrac{x_1}{N_1}) \end{bmatrix}$$

$$(6-18)$$

参照微分方程稳定性理论，按照第六章第五节寄生模式下"员工受

益、企业受害"中的判断过程，将各平衡点代入方程组（6－18），可得到表6－7所示的稳定性结果。

表6－7　企业与员工依赖增长对称性互惠共生模式下的 Logistic 模型稳定性结果

平衡点	$Tr(J(E_i))$	$Det(J(E_i))$	稳定条件
$E_1(0,0)$	$-r_1-r_2$	r_1r_2	$\sigma_1>0$，$\sigma_2>0$
$E_2\left(\dfrac{1+\sigma_1}{\sigma_1\sigma_2-1}N_1,\dfrac{1+\sigma_2}{\sigma_1\sigma_2-1}N_2\right)$	$\dfrac{-r_1(1+\sigma_1)-r_2(1+\sigma_2)}{\sigma_1\sigma_2-1}$	$r_1r_2\dfrac{(\sigma_1+1)(1+\sigma_2)}{1-\sigma_1\sigma_2}$	不稳定

第六节　不同共生关系模式下的 Logistic
模型及数值仿真

为更加直观和深入理解不同共生关系模式下企业与员工的共生互动和演化规律，本节根据模型稳定条件和实际情况分别设置初始参数值，运用Matlab 7.11（R2010b）模拟其动态演化规律。这里假设员工的初始产出 $x_1(t_1^0)=20$，企业的初始产出为 $x_2(t_2^0)=30$，$N_1=30$，$N_2=40$，$r_1=0.5$，$r_2=1.8$。

一、寄生模式下 Logistic 模型的数值仿真

当企业与员工属于寄生关系且员工受益、企业受害时，对于稳定点 $E_2(0,N_2)$ 而言，由于它的稳定条件为 $\sigma_1<1$，$\sigma_2>0$，因此这里取 $\sigma_1=0.5$，$\sigma_2=0.6$；对于稳定点 $E_3\left(\dfrac{\sigma_1-1}{1+\sigma_1\sigma_2}N_1,\dfrac{\sigma_2+1}{1+\sigma_1\sigma_2}N_2\right)$ 而言，由于它的稳定条件为 $\sigma_1>1$，$\sigma_2>0$，因此这里取 $\sigma_1=1.6$，$\sigma_2=0.6$。通过仿真得到图6－3。

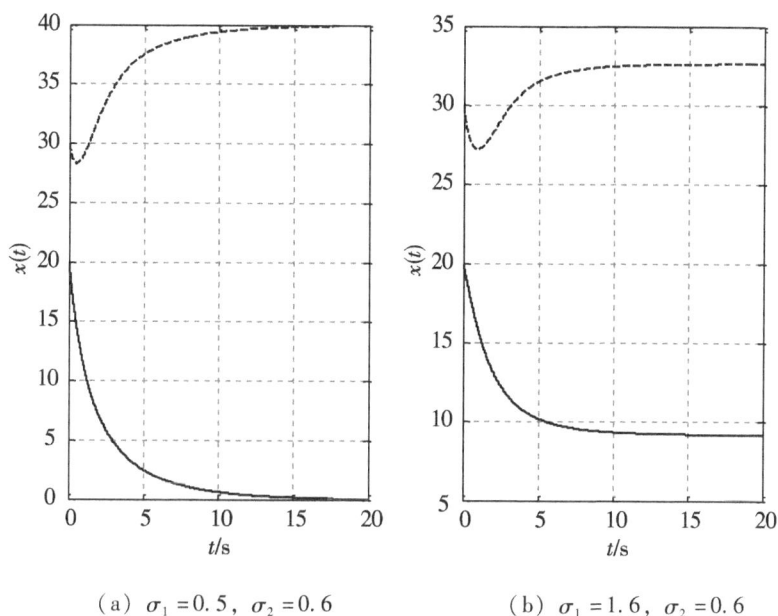

（a）$\sigma_1 = 0.5$，$\sigma_2 = 0.6$　　　　（b）$\sigma_1 = 1.6$，$\sigma_2 = 0.6$

图 6 - 3　企业受益、员工受害寄生模式下 Logistic 模型的数值仿真

由图 6 - 3（a）可以看出：在关系建立初期，虽然员工的寄生不利于其产出，但在长期的发展过程中，企业却能摆脱员工的阻滞，在资源限制下实现快速发展，在到达自身最大容量时产出平稳。从员工角度看，虽然员工可以从企业那里获益，但由于企业对员工的贡献率极低，随着时间的推移，员工的产出将向零逼近。

对比图 6 - 3 的（a）和（b）可以发现：二者的图形走势基本一致，明显差异表现在它们稳定的产出，图 6 - 3（a）中 $x_1(t_1^{20}) = 0$，$x_2(t_2^{20}) = N_2 = 40$，图 6 - 3（b）中 $x_1(t_1^{20}) = 33$，$x_2(t_2^{20}) = 8$。这表明当企业对员工的贡献率较低时，企业与员工不可以长期共存；当企业对员工的贡献率较高时，企业与员工可以长期共存，但没能实现"1 + 1 > 2"，此时的效率极低，整体竞争力没有得到提升。

当企业与员工属于寄生关系且员工受害、企业受益时，此情况下稳定性结果与第六章第五节寄生模式下"员工受益、企业受害"中的类似，不同的是稳定点 $E_2(N_1, 0)$ 在这里没有实际意义，因为企业本身要比员工拥有更多的资源，即便是依赖于员工，也是暂时的，在实际中并不会出现这种情形。因此，这里仅对稳定点 $E_3(\frac{\sigma_1 + 1}{1 + \sigma_1\sigma_2}N_1, \frac{\sigma_2 - 1}{1 + \sigma_1\sigma_2}N_2)$ 做仿真，仿

真结果如图 6-4 所示。

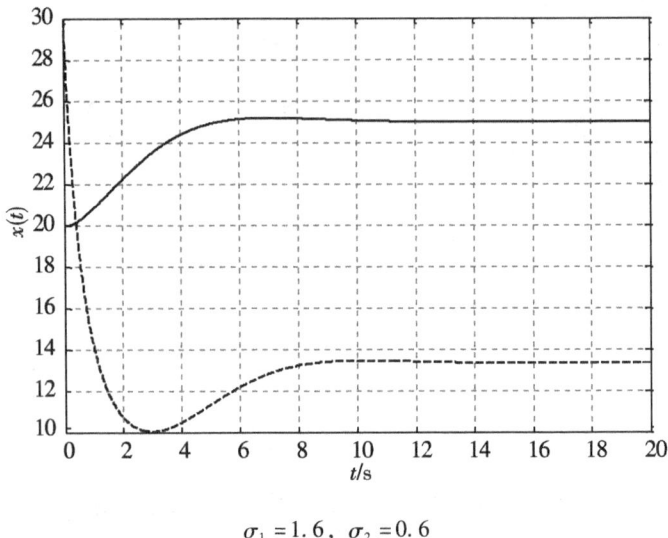

$\sigma_1 = 1.6$，$\sigma_2 = 0.6$

图 6-4　寄生模式下 Logistic 模型的数值仿真

从图 6-4 中可以看到，当系统达到稳定状态时，企业与员工的产出均大于零但均小于各自的最大容量，这同样说明当员工对企业的贡献率较高时，企业与员工在长期中可以共存，但没能实现"1+1>2"，此时的效率极低，整体竞争力没有得到提升。需要指出的是，因为稳定时二者产出的大小关系主要由二者的贡献率和最大容量决定［图 6-5 ~ 图 6-9 中（a）和（b）的差异可以说明这一结论］，图形中线的高低和间距不具有深层管理启示，所以这里不做探讨。

二、偏利共生模式下 Logistic 模型的数值仿真

由于偏利共生模式两种情况下的稳定条件为 $\sigma_1 > 0$，$\sigma_2 > 0$，因此，这里为凸显员工和企业贡献率的作用，分别取 $\sigma_1 = 0.5$ 和 $\sigma_1 = 1.5$，$\sigma_2 = 0.6$ 和 $\sigma_2 = 1.6$，通过仿真得到图 6-5 和图 6-6。

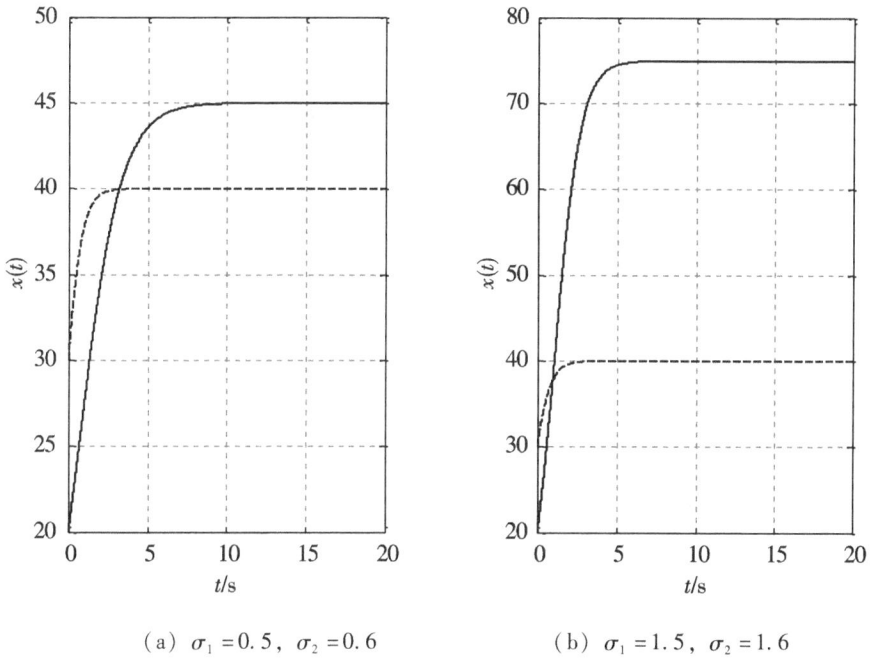

（a）$\sigma_1 = 0.5$，$\sigma_2 = 0.6$　　　　（b）$\sigma_1 = 1.5$，$\sigma_2 = 1.6$

图 6-5 $\sigma_1 > 0$ 条件下偏利共生模式下 Logistic 模型的数值仿真

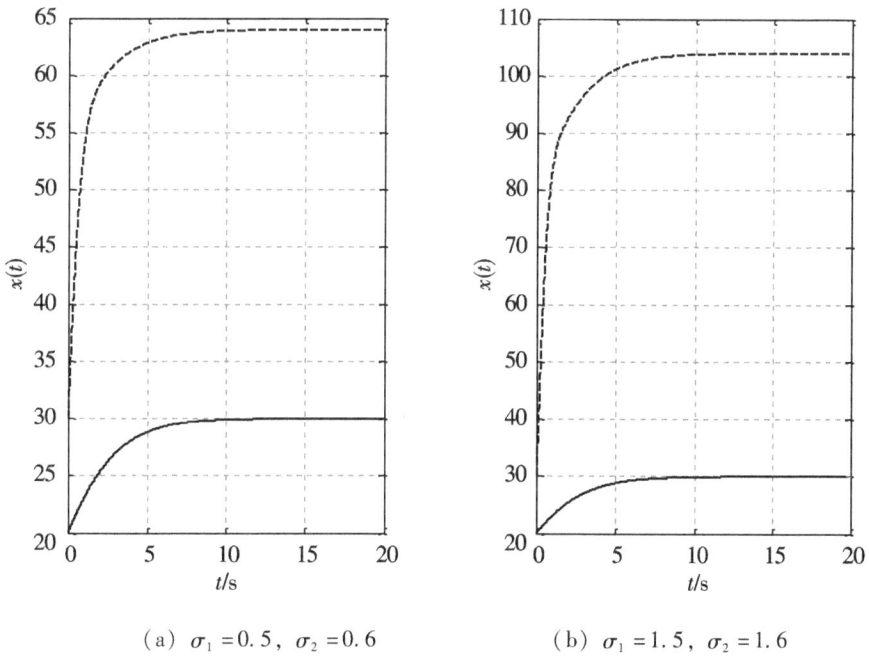

（a）$\sigma_1 = 0.5$，$\sigma_2 = 0.6$　　　　（b）$\sigma_1 = 1.5$，$\sigma_2 = 1.6$

图 6-6 $\sigma_2 > 0$ 条件下偏利共生模式下 Logistic 模型的数值仿真

由图6-5和图6-6可以看出：偏利共生模式下，在关系建立初始阶段，二者的产出随时间迅速增加，当共生系统达到稳定时，获利方的产出要高于其自身容量，无利益方的产出等于其自身容量。这说明无利益方在不能够获得共生收益时也会主动从事共生活动。这可能是受所应得的效益强烈外部化（如错误的决策）或者如果不共生就会对其带来阻滞的影响，而通过共生可以很好地消除阻滞等方面的驱使。分别对比图6-5的（a）与（b）和图6-6的（a）与（b）可以发现，图6-5中实线的值变化较大，图6-6中虚线的值变化较大，这主要是由共生系统稳定时平衡点的值造成的。

三、非对称性互惠共生模式下 Logistic 模型的数值仿真

由于非对称性互惠共生模式下的稳定条件为 $\sigma_1 > 1$，$0 < \sigma_2 < 1$，$0 < \sigma_1 \sigma_2 < 1$。因此，取 $\sigma_1 = 1.2$，$\sigma_2 = 0.6$ 和 $\sigma_2 = 0.8$，通过仿真得到图6-7。

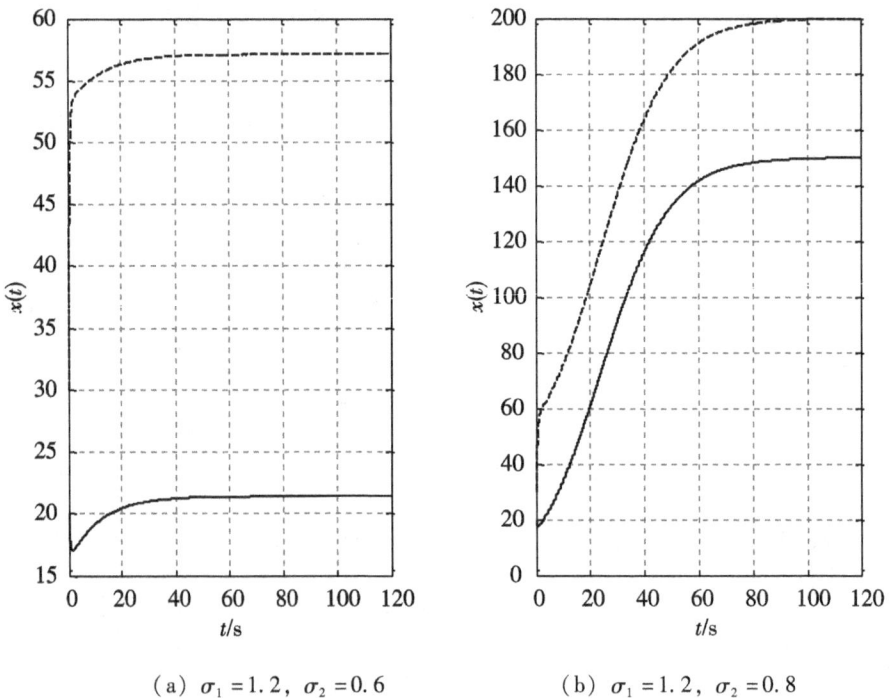

（a）$\sigma_1 = 1.2$，$\sigma_2 = 0.6$ 　　　　（b）$\sigma_1 = 1.2$，$\sigma_2 = 0.8$

图6-7　非对称性互惠共生模式下 Logistic 模型的数值仿真

由图 6-7 可以看出：非对称性互惠共生模式下，员工在初始阶段的产出是减少的，随着时间的推移，产出又出现上升。这主要是因为，初始阶段员工自身的阻滞作用大于企业的贡献，但企业对员工较大的贡献率使员工的产出逐渐增大。

对比图 6-7 的（a）和（b）不难发现，共生系统稳定时，企业的产出始终比自身容量大，而员工的产出可能大于自身容量也可能小于自身容量，这是因为，稳定时员工的质参量大小取决于企业和员工贡献率的大小。这就说明，非对称性互惠共生模式并非员工所希望的无风险的关系模式。

四、对称性互惠共生模式下 Logistic 模型的数值仿真

由于对称性互惠共生模式下两种情况的稳定条件分别为 $0 < \sigma_1 < 1$、$0 < \sigma_2 < 1$ 和 $\sigma_1 > 0$、$\sigma_2 > 0$。因此，取 $\sigma_1 = 0.5$、$\sigma_2 = 0.6$ 和 $\sigma_2 = 0.9$，通过仿真得到图 6-8 和图 6-9。

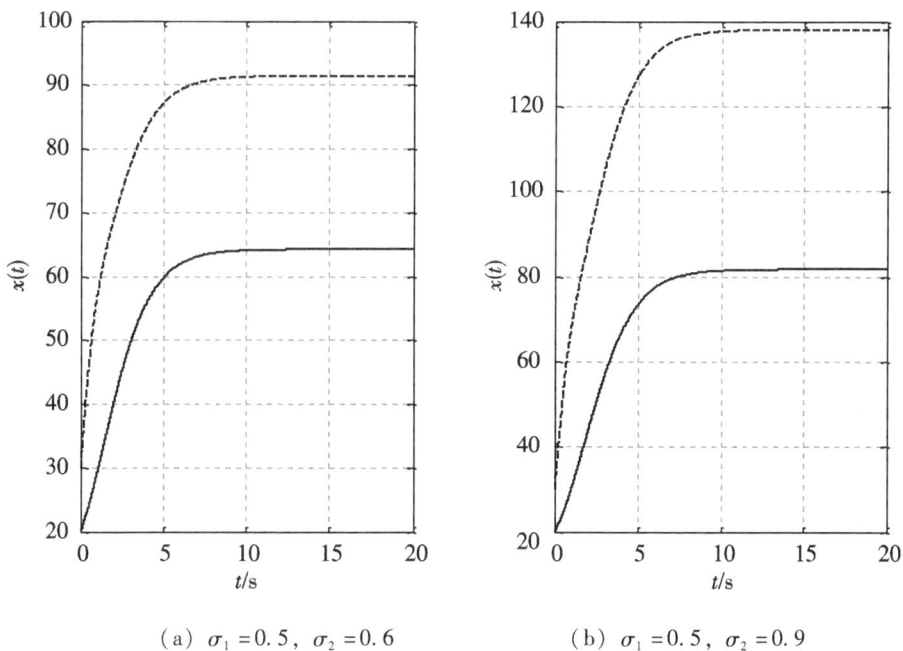

（a）$\sigma_1 = 0.5$，$\sigma_2 = 0.6$　　　　（b）$\sigma_1 = 0.5$，$\sigma_2 = 0.9$

图 6-8　$0 < \sigma_1 < 1$，$0 < \sigma_2 < 1$ 条件下对称性互惠共生模式下 Logistic 模型的数值仿真

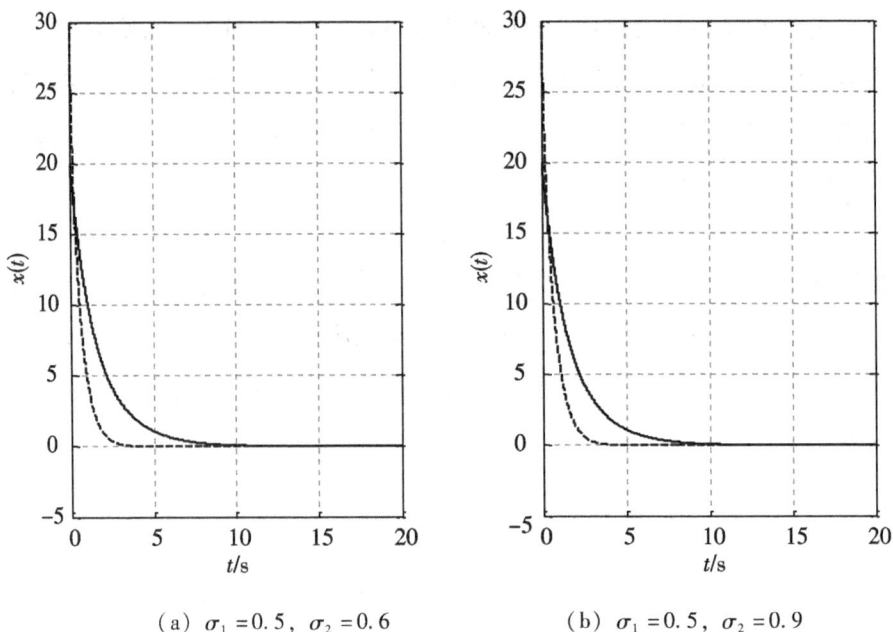

(a) $\sigma_1 = 0.5$, $\sigma_2 = 0.6$ (b) $\sigma_1 = 0.5$, $\sigma_2 = 0.9$

图 6 - 9 $\sigma_1 > 0$, $\sigma_2 > 0$ 条件下对称性互惠共生模式下 Logistic 模型的数值仿真

首先由稳定条件 $0 < \sigma_1 < 1$、$0 < \sigma_2 < 1$ 可知, 员工和企业对对方的贡献相对来说不大。但是, 从图 6 - 8 可以看出, 无论是员工还是企业, 二者在共生系统稳定时的产出均高于自身最大容量, 这主要是由于共生系统内参与者众多, 单个参与者得到的总的贡献非常可观。这说明此情况下企业与员工之间合作紧密, 具有良好的分工协作机制, 并且产生了"1 + 1 > 2"的效益。

当企业与员工必须依赖增长时, 由稳定点和图 6 - 9 可以看出共生关系中的企业与员工最终都会走向灭亡。在某些特殊情况下, 企业与员工可以暂时地共同生存, 由于主体间不仅地位平等, 而且必须相互依赖, 如果状况发生改变, 极容易受到外界因素影响的共生关系形成的暂时的均衡将很快消失。所以这种共生的均衡状态是不稳定的。对于企业来说, 一旦共生的均衡被打破, 企业自身不进行改变, 那么终将会走向被市场淘汰的命运。

第七章　基于心理契约破裂的企业与员工共生关系扩展 Logistic 模型

第一节　企业与员工共生关系 Logistic 模型的局限性

企业与员工共生关系 Logistic 模型的建立是基于二者的完全理性，在企业与员工关系的不同阶段，外界和内部各种因素的干扰，使得企业与员工产生不同的心理契约破裂感知，这种感知会对企业与员工的共生关系带来影响，正如本书第五章所描述的，企业与员工的心理契约破裂会对二者共生关系产生负向影响。

基于此，本章将在前文企业与员工共生关系 Logistic 模型的基础上纳入心理契约破裂因素，以对企业与员工共生关系 Logistic 模型进行扩展，使扩展获得的 Logistic 模型更接近企业与员工共生关系的实际情况。

第二节　心理契约破裂参数意义

企业与员工共生关系在运用 Logistic 模型进行分析和研究时，主要考察企业与员工的产出规模、固有增长率、贡献率等经济性参数指标，而对非经济性的参数指标往往不够重视。心理契约破裂在企业与员工关系研究中已经成为重要研究视角，也被多数学者和实践者所认同。所以，本书有必要引入心理契约破裂参数，构建出新的 Logistic 扩展模型，以实现对企业与员工共生关系全面而准确的度量。

需要说明的是，心理契约破裂参数用字母"β"表示。前面论述了企业与员工共生关系各个发展阶段会有不同的共生模式，也阐明了心理契约破裂构成维度对企业与员工共生关系各个发展阶段的影响。因此，企业与员工不同共生关系模式下的心理契约破裂是有具体形式的，即心理契约破裂的某一构成维度。那么在每一种企业与员工共生关系扩展 Logistic 模型中，"β"虽然作为一个整体参数进入模型中，但实际含义是代表不同的心理契约破裂维度，如在企业与员工共生关系建立阶段，二者是寄生模式，交易型心理契约破裂普遍存在。

第三节 不同共生关系模式下的扩展 Logistic 模型及稳定性分析

由于在对称性互利共生模式下，企业和员工既可以独立增长，也可以相互依赖增长，不同增长方式下会有不同的稳定产出，这里将选择稳定时产出最高的作为企业和员工心理感知的参照点。为此，首先需要解决的问题是求出对称性互惠共生模式在两种不同增长方式下的稳定产出，并对产出结果做比较，选择其中一个作为参照点。

由对称性互惠共生的稳定点可知独立增长是企业和员工追求的可以持久存在的最佳状态。本书选择企业与员工均独立增长时的稳定点为$(\dfrac{1+\sigma_1}{1-\sigma_1\sigma_2}N_1,\dfrac{1+\sigma_2}{1-\sigma_1\sigma_2}N_2)$作为参照点。

在这里，本书通过引入参数 β 来描述心理契约破裂因素。在建模时，通过在原始模型基础上添加 $\beta(x_1-\dfrac{N_1(1+\sigma_1)}{\sigma_1\sigma_2-1})$ 和 $\beta(x_2-\dfrac{N_2(1+\sigma_2)}{\sigma_1\sigma_2-1})$ 来描述心理契约破裂给企业和员工在不同共生方式下的实际产出带来的影响。显然，当企业或者员工的实际产出小于 $\dfrac{N_i(1+\sigma_i)}{\sigma_1\sigma_2-1}(i=1,2)$ 时，企业或者员工就会产生心理契约破裂，心理契约破裂使得企业和员工对对方产出的增长带来阻滞，这刚好体现出心理契约破裂的反作用。下面将对不同共生方式建立模型。

一、寄生模式下的扩展 Logistic 模型

1. 员工受益、企业受害

此时假设企业对员工有一个正向的贡献率 σ_1，员工对企业有一个负向的贡献率 σ_2。由于此种情况下员工为受益方，企业为受害方，因此企业会产生心理契约破裂，并且对员工产出带来阻滞作用，据此模型可描述为：

$$
\begin{cases}
\dfrac{\mathrm{d}x_1}{\mathrm{d}t} = r_1 x_1 \left(-1 - \dfrac{x_1}{N_1} + \sigma_1 \dfrac{x_2}{N_2} + \beta(x_2 - t_2) \right) \\
\dfrac{\mathrm{d}x_2}{\mathrm{d}t} = r_2 x_2 \left(1 - \dfrac{x_2}{N_2} - \sigma_2 \dfrac{x_1}{N_1} \right)
\end{cases}
\tag{7-1}
$$

现考虑方程组（7-1）的稳定性问题。由于方程组（7-1）是自治的非线性方程组，可用线性化方法讨论其平衡点的稳定性。设

$$
\begin{cases}
f(x_1, x_2) \equiv \dfrac{\mathrm{d}x_1}{\mathrm{d}t} = r_1 x_1 \left((-1 - \beta t_2) - \dfrac{x_1}{N_1} + (\sigma_1 + \beta N_2) \dfrac{x_2}{N_2} \right) = 0 \\
g(x_1, x_2) \equiv \dfrac{\mathrm{d}x_2}{\mathrm{d}t} = r_2 x_2 \left(1 - \dfrac{x_2}{N_2} - \sigma_2 \dfrac{x_1}{N_1} \right) = 0
\end{cases}
$$

$$\tag{7-2}$$

代数方程组（7-2）的非负解就是方程组（7-1）的平衡点，解得平衡点 $E_1(0,0)$、$E_2(0, N_2)$ 和 $E_3\left(\dfrac{(\sigma_1 + \beta N_2) - (1 + \beta t_2)}{1 + \sigma_2(\sigma_1 + \beta N_2)} N_1, \dfrac{1 + \sigma_2(1 + \beta t_2)}{1 + \sigma_2(\sigma_1 + \beta N_2)} N_2 \right)$。为了研究各平衡点的稳定性，需要计算方程组（7-1）在 (x_1, x_2) 的系数矩阵，对方程组（7-1）中各方程在平衡点 $E(x_1^0, x_2^0)$ 展开为泰勒级数，略去二次及二次以上各项，得

$$
\begin{cases}
\dfrac{\mathrm{d}x_1}{\mathrm{d}t} = r_1\left((-1-\beta t_2) - \dfrac{2x_1}{N_1} + (\sigma_1 + \beta N_2)\dfrac{x_2}{N_2}\right)(x_1 - x_1^0) \\
\qquad\quad + r_1(\sigma_1 + \beta N_2)\dfrac{x_1}{N_2}(x_2 - x_2^0) \\
\dfrac{\mathrm{d}x_2}{\mathrm{d}t} = r_2\left(1 - \dfrac{2x_2}{N_2} - \sigma_2\dfrac{x_1}{N_1}\right)(x_2 - x_2^0) + r_2\sigma_2\dfrac{x_2}{N_1}(x_1 - x_1^0)
\end{cases}
$$

则系数矩阵记作

$$
J(x_1,x_2) = \begin{bmatrix}
r_1\left((-1-\beta t_2) - \dfrac{2x_1}{N_1} + (\sigma_1 + \beta N_2)\dfrac{x_2}{N_2}\right) & r_1(\sigma_1 + \beta N_2)\dfrac{x_1}{N_2} \\
& \\
r_2\sigma_2\dfrac{x_2}{N_1} & r_2\left(1 - \dfrac{2x_2}{N_2} - \sigma_2\dfrac{x_1}{N_1}\right)
\end{bmatrix}
$$

$$(7-3)$$

首先考虑 E_1 的稳定性，把 $E_1(0,0)$ 代入方程组（7-3）可得 $J(E_1)$

$= \begin{bmatrix} -(1+\beta t_2)r_1 & 0 \\ 0 & r_2 \end{bmatrix}$。显然，矩阵 $J(E_1)$ 有一个正特征根 r_2，可知 E_1

是共生系统（7-1）的不稳定平衡点。

同理可得知平衡点 E_2、E_3 的稳定性，相应的结果如表7-1所示。

表7-1　员工受益、企业受害寄生模式下的扩展 Logistic 模型稳定性结果

平衡点	$Tr(J(E_i))$	$Det(J(E_i))$	稳定条件
$E_1(0,0)$	$r_2 - (1+\beta t_2)r_1$	$-r_1 r_2(1+\beta t_2)$	不稳定
$E_2(0,N_2)$	$r_1((\sigma_1+\beta N_2) - (1+\beta t_2)) - r_2$	$-r_1 r_2((\sigma_1+\beta N_2) - (1+\beta t_2))$	$0<\sigma_1<1$ $0<\sigma_2<1$
$E_3\left(\dfrac{(\sigma_1+\beta N_2)-(1+\beta t_2)}{1+\sigma_2(\sigma_1+\beta N_2)}N_1,\ \dfrac{1+\sigma_2(1+\beta t_2)}{1+\sigma_2(\sigma_1+\beta N_2)}N_2\right)$	$\dfrac{(1+\beta t_2)-(\sigma_1+\beta N_2)}{1+\sigma_2(\sigma_1+\beta N_2)}r_1$ $-\dfrac{1+\sigma_2(1+\beta t_2)}{1+\sigma_2(\sigma_1+\beta N_2)}r_2$	$-r_1 r_2 \dfrac{(1+\beta t_2)-(\sigma_1+\beta N_2)}{1+\sigma_2(\sigma_1+\beta N_2)} \times$ $\dfrac{1+\sigma_2(1+\beta t_2)}{1+\sigma_2(\sigma_1+\beta N_2)}$	不稳定

2. 企业受益、员工受害

此时假设企业对员工有一个负向的贡献率 σ_1，员工对企业有一个正

向的贡献率 σ_2。由于此种情况下企业为受益方，员工为受害方，因此员工会产生心理契约破裂，并且对企业产出带来阻滞作用，据此模型可描述为：

$$\begin{cases} \dfrac{\mathrm{d}x_1}{\mathrm{d}t} = r_1 x_1 \left(1 - \dfrac{x_1}{N_1} - \sigma_1 \dfrac{x_2}{N_2}\right) \\[3mm] \dfrac{\mathrm{d}x_2}{\mathrm{d}t} = r_2 x_2 \left(-1 - \dfrac{x_2}{N_2} + \sigma_2 \dfrac{x_1}{N_1} + \beta(x_1 - t_1)\right) \end{cases} \tag{7-4}$$

平衡点的求解过程同上，得到三个平衡点分别为 $E_1(0,0)$、$E_2(N_1,0)$ 和 $E_3\left(\dfrac{1 + \sigma_1(1 + \beta t_1)}{1 + \sigma_1(\sigma_2 + \beta N_1)}N_1, \dfrac{(\sigma_2 + \beta N_1) - (1 + \beta t_1)}{1 + \sigma_1(\sigma_2 + \beta N_1)}N_2\right)$。对方程组（7-4）中各方程在平衡点 $E(x_1^0, x_2^0)$ 展开为泰勒级数，略去二次及二次以上各项，得

$$\begin{cases} \dfrac{\mathrm{d}x_1}{\mathrm{d}t} = r_1\left(1 - \dfrac{2x_1}{N_1} - \sigma_1 \dfrac{x_2}{N_2}\right)(x_1 - x_1^0) + r_1\sigma_1 \dfrac{x_1}{N_2}(x_2 - x_2^0) \\[3mm] \dfrac{\mathrm{d}x_2}{\mathrm{d}t} = r_2\left((-1 - \beta t_1) - \dfrac{2x_2}{N_2} + (\sigma_2 + \beta N_1)\dfrac{x_1}{N_1}\right)(x_2 - x_2^0) \\[3mm] \qquad + r_2(\sigma_2 + \beta N_1)\dfrac{x_2}{N_1}(x_1 - x_1^0) \end{cases}$$

则系数矩阵记作

$$\boldsymbol{J}(x_1,x_2) = \begin{bmatrix} r_1\left(1 - \dfrac{2x_1}{N_1} - \sigma_1 \dfrac{x_2}{N_2}\right) & r_1\sigma_1 \dfrac{x_1}{N_2} \\[4mm] r_2(\sigma_2 + \beta N_1)\dfrac{x_2}{N_1} & r_2\left((-1 - \beta t_1) - \dfrac{2x_2}{N_2} + (\sigma_2 + \beta N_1)\dfrac{x_1}{N_1}\right) \end{bmatrix}$$
$$\tag{7-5}$$

参照微分方程稳定性理论，按照第六章第五节寄生模式下"员工受益、企业受害"中的判断过程，将各平衡点代入方程组（7-5），可得到表7-2所示的稳定性结果。

表 7 - 2　企业受益、员工受害寄生模式下的扩展 Logistic 模型稳定性结果

平衡点	$Tr(J(E_i))$	$Det(J(E_i))$	稳定条件
$E_1(0,0)$	$r_1 + r_2(-1-\beta t_1)$	$r_1 r_2(-1-\beta t_1)$	不稳定
$E_2(N_1,0)$	$-r_1 + r_2((\sigma_2 + \beta N_1) - (1+\beta t_1))$	$-r_1 r_2((\sigma_2 + \beta N_1) - (1+\beta t_1))$	$0 < \sigma_1 < 1$ $0 < \sigma_2 < 1$
$E_3\left(\dfrac{1+\sigma_1(1+\beta t_1)}{1+\sigma_1(\sigma_2+\beta N_1)}N_1, \dfrac{(\sigma_2+\beta N_1)-(1+\beta t_1)}{1+\sigma_1(\sigma_2+\beta N_1)}N_2\right)$	$\dfrac{(1+\beta t_1)-(\sigma_2+\beta N_1)}{1+\sigma_1(\sigma_2+\beta N_1)}r_2 - \dfrac{1+\sigma_1(1+\beta t_1)}{1+\sigma_1(\sigma_2+\beta N_1)}r_1$	$-r_1 r_2 \dfrac{(1+\beta t_1)-(\sigma_2+\beta N_1)}{1+\sigma_1(\sigma_2+\beta N_1)} \times \dfrac{1+\sigma_1(1+\beta t_1)}{1+\sigma_1(\sigma_2+\beta N_1)}$	不稳定

二、偏利共生模式下的扩展 Logistic 模型

1. 员工受益、企业既无利也无害

此时假设企业对员工的偏利效应为 σ_1，由于此种情况下员工为受益方，企业虽无利也无害，但产出分配不公，企业会产生心理契约破裂，并且对员工产出带来阻滞作用，据此模型可描述为：

$$\begin{cases} \dfrac{dx_1}{dt} = r_1 x_1\left(1 - \dfrac{x_1}{N_1} + \sigma_1 \dfrac{x_2}{N_2} + \beta(x_2 - t_2)\right) \\ \dfrac{dx_2}{dt} = r_2 x_2\left(1 - \dfrac{x_2}{N_2}\right) \end{cases} \quad (7-6)$$

平衡点的求解过程同上，得到四个平衡点分别为 $E_1(0,0)$、$E_2(0, N_2)$、$E_3(N_1(1-\beta t_2),0)$ 和 $E_4(((1-\beta t_2)+(\sigma_1+\beta N_2))N_1, N_2)$。对方程组（7-6）中各方程在平衡点 $E(x_1^0, x_2^0)$ 展开为泰勒级数，略去二次及二次以上各项，得

$$\begin{cases} \dfrac{dx_1}{dt} = r_1\left((1-\beta t_2) - \dfrac{2x_1}{N_1} + (\sigma_1 + \beta N_2)\dfrac{x_2}{N_2}\right)(x_1 - x_1^0) \\ \qquad + r_1(\sigma_1 + \beta N_2)\dfrac{x_1}{N_2}(x_2 - x_2^0) \\ \dfrac{dx_2}{dt} = r_2\left(1 - \dfrac{2x_2}{N_2}\right)(x_2 - x_2^0) \end{cases}$$

则系数矩阵记作

$$J(x_1, x_2) = \begin{bmatrix} r_1((1-\beta t_2) - \dfrac{2x_1}{N_1} + (\sigma_1 + \beta N_2)\dfrac{x_2}{N_2}) & r_1(\sigma_1 + \beta N_2)\dfrac{x_1}{N_2} \\ 0 & r_2(1 - \dfrac{2x_2}{N_2}) \end{bmatrix}$$

$$(7-7)$$

参照微分方程稳定性理论，按照第六章第五节寄生模式下"员工受益、企业受害"中的判断过程，将各平衡点代入方程组（7-7），可得到表7-3所示的稳定性结果。

表7-3 员工受益、企业既无利也无害偏利共生模式下的扩展 Logistic 模型稳定性结果

平衡点	$Tr(J(E_i))$	$Det(J(E_i))$	稳定条件
$E_1(0,0)$	$r_1(1-\beta t_2) + r_2$	$r_1 r_2(1-\beta t_2)$	不稳定
$E_2(0, N_2)$	$r_1((1-\beta t_2) + (\sigma_1 + \beta N_2)) - r_2$	$-r_1 r_2((1-\beta t_2) + (\sigma_1 + \beta N_2))$	不稳定
$E_3(N_1(1-\beta t_2), 0)$	$-r_1(1-\beta t_2) + r_2$	$-r_1 r_2(1-\beta t_2)$	不稳定
$E_4(((1-\beta t_2) + (\sigma_1 + \beta N_2))N_1, N_2)$	$-r_1((1-\beta t_2) + (\sigma_1 + \beta N_2)) - r_2$	$r_1 r_2((1-\beta t_2) + (\sigma_1 + \beta N_2))$	$0 < \sigma_1 < 1$ $0 < \sigma_2 < 1$ $0 < \beta < \dfrac{1+\sigma_1}{t_2 - N_2}$

2. 企业受益、员工既无利也无害

此时假设员工对企业的偏利效应为 σ_2。由于此种情况下企业为受益方，员工虽无利也无害，但产出分配不公，员工会产生心理契约破裂，并且对企业产出带来阻滞作用，据此模型可描述为：

$$\begin{cases} \dfrac{dx_1}{dt} = r_1 x_1(1 - \dfrac{x_1}{N_1}) \\ \dfrac{dx_2}{dt} = r_2 x_2(1 - \dfrac{x_2}{N_2} + \sigma_2 \dfrac{x_1}{N_1} + \beta(x_1 - t_1)) \end{cases} \quad (7-8)$$

平衡点的求解过程同上，得到四个平衡点分别为 $E_1(0,0)$、$E_2(N_1, 0)$、$E_3(0, N_2(1-\beta t_1))$ 和 $E_4(N_1, ((\sigma_2 + \beta N_1) + (1-\beta t_1))N_2)$。对方程

组（7-8）中各方程在平衡点 $E(x_1^0, x_2^0)$ 展开为泰勒级数，略去二次及二次以上各项，得

$$
\begin{cases}
\dfrac{dx_1}{dt} = r_1\left(1 - \dfrac{2x_1}{N_1}\right)(x_1 - x_1^0) \\[3mm]
\dfrac{dx_2}{dt} = r_2\left((1 - \beta t_1) - \dfrac{2x_2}{N_2} + (\sigma_2 + \beta N_1)\dfrac{x_1}{N_1}\right)(x_2 - x_2^0) \\[3mm]
\qquad + r_2(\sigma_2 + \beta N_1)\dfrac{x_2}{N_1}(x_1 - x_1^0)
\end{cases}
$$

则系数矩阵记作

$$
J(x_1, x_2) = \begin{bmatrix}
r_1\left(1 - \dfrac{2x_1}{N_1}\right) & 0 \\[4mm]
r_2(\sigma_2 + \beta N_1)\dfrac{x_2}{N_1} & r_2\left((1 - \beta t_1) - \dfrac{2x_2}{N_2} + (\sigma_2 + \beta N_1)\dfrac{x_1}{N_1}\right)
\end{bmatrix}
$$

$$(7-9)$$

参照微分方程稳定性理论，按照第六章第五节寄生模式下"员工受益、企业受害"中的判断过程，将各平衡点代入（7-9），可得到表7-4所示的稳定性结果。

表7-4　企业受益、员工既无利也无害偏利共生模式下的 Logistic 模型稳定性结果

平衡点	$Tr(J(E_i))$	$Det(J(E_i))$	稳定条件
$E_1(0,0)$	$r_1 + r_2(-1 - \beta t_1)$	$r_1 r_2(-1 - \beta t_1)$	不稳定
$E_2(N_1, 0)$	$-r_1 + r_2((\sigma_2 + \beta N_1) + (1 - \beta t_1))$	$-r_1 r_2((\sigma_2 + \beta N_1) + (1 - \beta t_1))$	不稳定
$E_3(0, N_2(1 - \beta t_1))$	$r_1 - r_2(1 - \beta t_1)$	$-r_1 r_2(1 - \beta t_1)$	不稳定
$E_4(N_1, ((\sigma_2 + \beta N_1) + (1 - \beta t_1))N_2)$	$-r_1 - r_2((\sigma_2 + \beta N_1) + (1 - \beta t_1))$	$r_1 r_2((\sigma_2 + \beta N_1) + (1 - \beta t_1))$	$0 < \sigma_1 < 1$ $0 < \sigma_2 < 1$ $0 < \beta < \dfrac{1 + \sigma_2}{t_1 - N_1}$

三、非对称性互惠共生模式下的扩展 Logistic 模型

此时假设企业对员工有一个正向的贡献率 σ_1，员工对企业有一个正向的贡献率 σ_2。在这种模式中，双方之间相互具有促进作用，只要其中一方偷懒，对对方产出都会带来负影响，因此双方都会与参照点进行比较，如果没能达到参照点的值，就会产生心理契约破裂，并阻滞对方的产出，据此相关模型可描述为：

$$
\begin{cases}
\dfrac{\mathrm{d}x_1}{\mathrm{d}t} = r_1 x_1 \left(-1 - \dfrac{x_1}{N_1} + \sigma_1 \dfrac{x_2}{N_2} + \beta(x_2 - t_2) \right) \\[2mm]
\dfrac{\mathrm{d}x_2}{\mathrm{d}t} = r_2 x_2 \left(1 - \dfrac{x_2}{N_2} + \sigma_2 \dfrac{x_1}{N_1} + \beta(x_1 - t_1) \right)
\end{cases}
\tag{7-10}
$$

平衡点的求解过程同上，得到三个平衡点分别为 $E_1(0,0)$、$E_2(0, N_2(1 - \beta t_1))$ 和 $E_3\left(\dfrac{(-1 - \beta t_2) + (1 - \beta t_1)(\sigma_1 + \beta N_2)}{1 - (\sigma_1 + \beta N_2)(\sigma_2 + \beta N_1)} N_1, \dfrac{(1 - \beta t_1) - (1 + \beta t_2)(\sigma_2 + \beta N_1)}{1 - (\sigma_1 + \beta N_2)(\sigma_2 + \beta N_1)} N_2 \right)$。

对方程组（7-10）中各方程在平衡点 $E(x_1^0, x_2^0)$ 展开为泰勒级数，略去二次及二次以上各项，得

$$
\begin{cases}
\dfrac{\mathrm{d}x_1}{\mathrm{d}t} = r_1 \left((-1 - \beta t_2) - \dfrac{2x_1}{N_1} + (\sigma_1 + \beta N_2)\dfrac{x_2}{N_2} \right)(x_1 - x_1^0) \\[3mm]
\qquad\qquad + r_1(\sigma_1 + \beta N_2)\dfrac{x_1}{N_2}(x_2 - x_2^0) \\[3mm]
\dfrac{\mathrm{d}x_2}{\mathrm{d}t} = r_2 \left((1 - \beta t_1) - \dfrac{2x_2}{N_2} + (\sigma_2 + \beta N_1)\dfrac{x_1}{N_1} \right)(x_2 - x_2^0) \\[3mm]
\qquad\qquad + r_2(\sigma_2 + \beta N_1)\dfrac{x_2}{N_1}(x_1 - x_1^0)
\end{cases}
$$

则系数矩阵记作

$$
J(x_1, x_2) = \begin{bmatrix}
r_1\left((-1 - \beta t_2) - \dfrac{2x_1}{N_1} + (\sigma_1 + \beta N_2)\dfrac{x_2}{N_2} \right) & r_1(\sigma_1 + \beta N_2)\dfrac{x_1}{N_2} \\[4mm]
r_2(\sigma_2 + \beta N_1)\dfrac{x_2}{N_1} & r_2\left((1 - \beta t_1) - \dfrac{2x_2}{N_2} + (\sigma_2 + \beta N_1)\dfrac{x_1}{N_1} \right)
\end{bmatrix}
$$

$$
\tag{7-11}
$$

参照微分方程稳定性理论，按照第六章第五节寄生模式下"员工受益、企业受害"中的判断过程，将各平衡点代入方程组（7-11），可得到表7-5所示的稳定性结果。

表7-5　非对称性互惠共生模式下的扩展 Logistic 模型稳定性结果

平衡点	$Tr(J(E_i))$	$Det(J(E_i))$	稳定条件
$E_1(0,0)$	$r_1(-1-\beta t_2)+r_2(1-\beta t_1)$	$r_1 r_2(-1-\beta t_2)\times(1-\beta t_1)$	$0<\sigma_1<1$ $0<\sigma_2<1$ $\beta>\dfrac{1}{t_1}$
$E_2(0,N_2(1-\beta t_1))$	$r_1((-1-\beta t_2)+(\sigma_1+\beta N_2)(1-\beta t_1))-r_2(1-\beta t_1)$	$-r_1 r_2(1-\beta t_1)((-1-\beta t_2)+(\sigma_1+\beta N_2)(1-\beta t_1))$	$0<\sigma_1<1$ $0<\sigma_2<1$ $0<\beta<\dfrac{1}{t_1}$ $(\sigma_1+\beta N_2)\times(1-\beta t_1)<(1+\beta t_2)$
$E_3(\dfrac{(-1-\beta t_2)+(1-\beta t_1)(\sigma_1+\beta N_2)}{1-(\sigma_1+\beta N_2)(\sigma_2+\beta N_1)}N_1,$ $\dfrac{(1-\beta t_1)-(1+\beta t_2)(\sigma_2+\beta N_1)}{1-(\sigma_1+\beta N_2)(\sigma_2+\beta N_1)}N_2)$	$(r_1((1+\beta t_2)-(1-\beta t_1)(\sigma_1+\beta N_2))+r_2((1+\beta t_2)(\sigma_2+\beta N_1)-(1-\beta t_1)))/(1-(\sigma_1+\beta N_2)(\sigma_2+\beta N_1))$	$r_1 r_2((1+\beta t_2)-(1-\beta t_1)(\sigma_1+\beta N_2))((1+\beta t_2)(\sigma_2+\beta N_1)-(1-\beta t_1)))/(1-(\sigma_1+\beta N_2)(\sigma_2+\beta N_1))$	不稳定

第四节　不同共生关系模式下扩展 Logistic 模型的数值仿真

由于扩展模型中引入了心理契约破裂参数，该参数是本书着重探讨的，因此这里将分析心理契约破裂参数的变化对模型演化路径带来的影响。本章第三节结果显示，不同共生关系下扩展 Logistic 模型的稳定条件中 $0 < \sigma_1 < 1$、$0 < \sigma_2 < 1$，据此这里取 $\sigma_1 = 0.5$、$\sigma_2 = 0.6$。为明确描述结果，本章根据不同共生模式下模型的稳定条件和心理契约破裂参数的实际含义，通过大量仿真，选取了几个具有代表性的 β 值的图形，具体情况如下。

一、寄生模式下扩展 Logistic 模型的数值仿真

寄生模式下两种情况的心理契约破裂参数分别取值为 $\beta = 0.01$，$\beta = 0.04$，$\beta = 0.07$，$\beta = 0.10$，其他参数取值同基本 Logistic 模型仿真值，仿真后的结果分别如图 7 - 1 和图 7 - 2 所示。

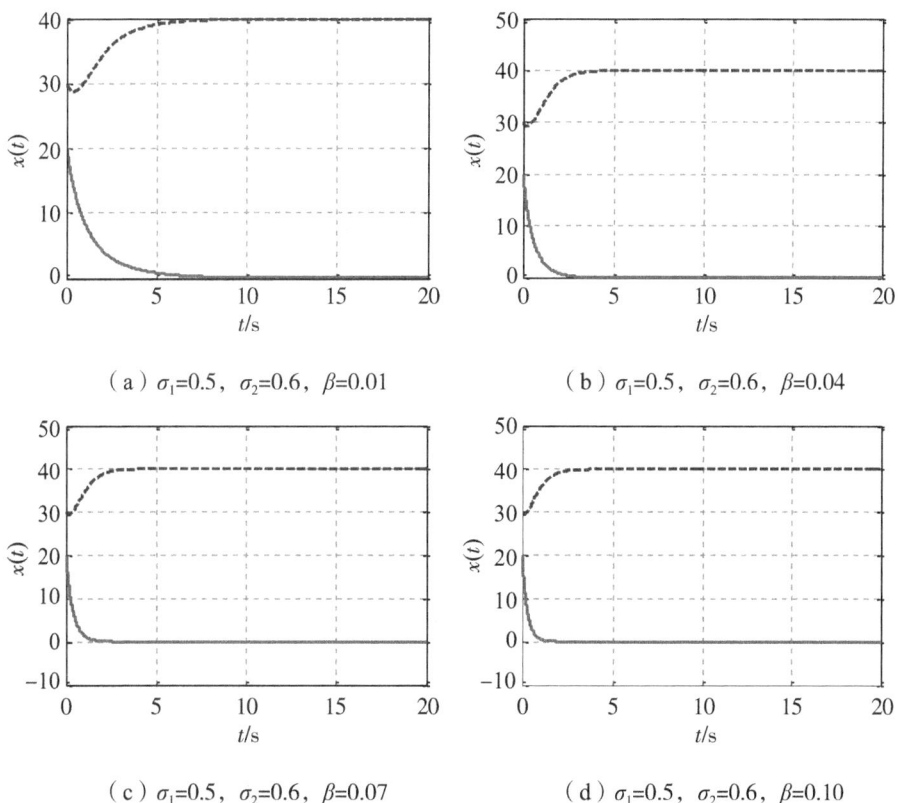

（a）σ_1=0.5，σ_2=0.6，β=0.01

（b）σ_1=0.5，σ_2=0.6，β=0.04

（c）σ_1=0.5，σ_2=0.6，β=0.07

（d）σ_1=0.5，σ_2=0.6，β=0.10

图 7 - 1　员工受益、企业受害寄生模式下扩展 Logistic 模型的数值仿真

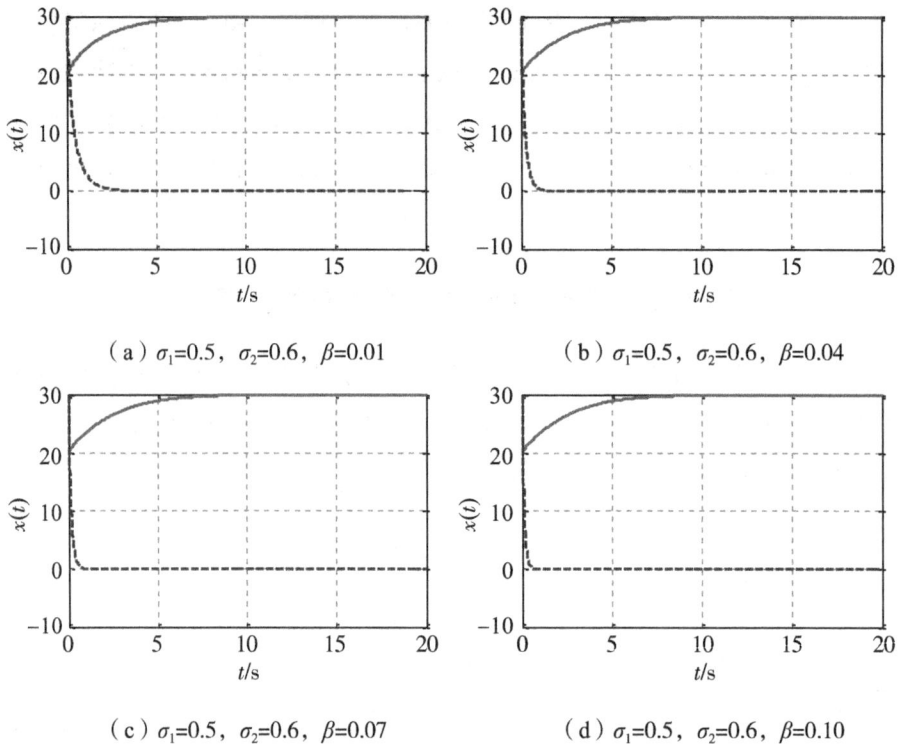

（a）σ_1=0.5，σ_2=0.6，β=0.01　　　　　（b）σ_1=0.5，σ_2=0.6，β=0.04

（c）σ_1=0.5，σ_2=0.6，β=0.07　　　　　（d）σ_1=0.5，σ_2=0.6，β=0.10

图 7 - 2　企业受益、员工受害寄生模式下扩展 Logistic 模型的数值仿真

通过图 7 - 1 或图 7 - 2 可以发现：当 β 值增大时，企业（员工）的产出随时间的增量逐渐增大，员工（企业）的产出随时间的负增量也逐渐增大，共生系统达到稳定时需要的时间在缩短。这说明企业（员工）的心理契约破裂感越严重，员工（企业）走向灭亡越迅速，企业与员工的共生关系瓦解越快。换句话说，当企业与员工是以寄生方式共存时，企业（员工）的心理契约破裂使得共生系统的稳定性变得更差。

二、偏利共生模式下扩展 Logistic 模型的数值仿真

由于偏利共生模式两种情况下的稳定条件为 $0 < \sigma_1 < 1$、$0 < \sigma_2 < 1$、$0 < \beta < \dfrac{1 + \sigma_1}{t_2 - N_2}$，因此，如果员工受益、企业既无利也无害，则分别取 $\beta = 0.01$、$\beta = 0.015$、$\beta = 0.02$、$\beta = 0.05$；如果企业受益、员工既无利也无

害，则分别取 $\beta = 0.01$ 、 $\beta = 0.03$ 、 $\beta = 0.04$ 、 $\beta = 0.05$ ，仿真后的结果分别如图 7-3 和图 7-4 所示。

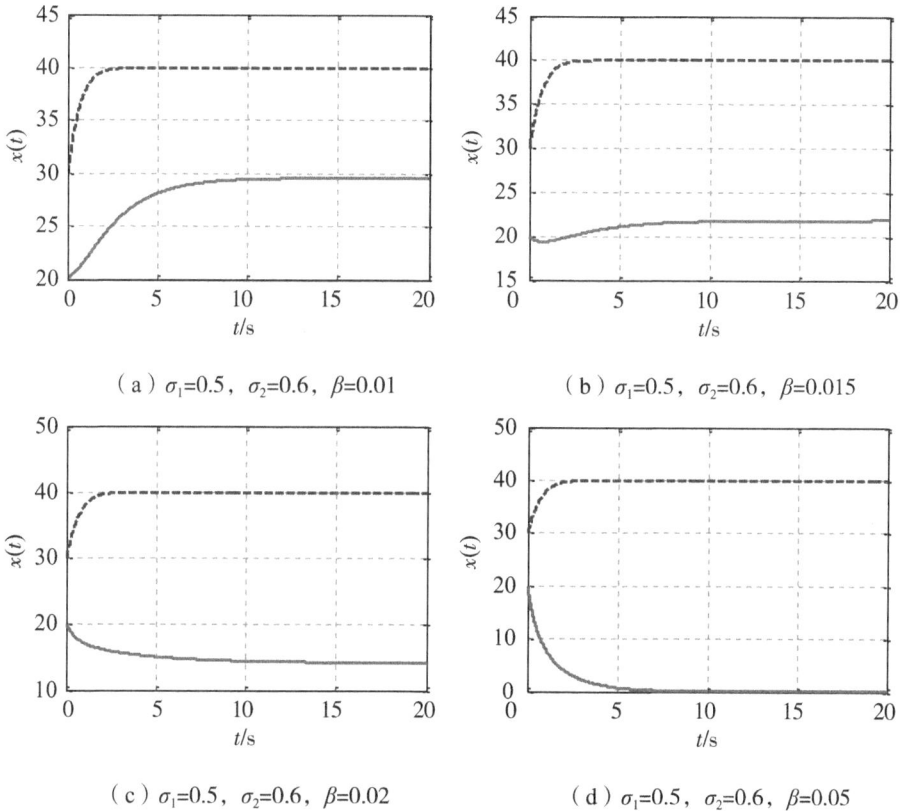

（a） $\sigma_1=0.5$ ， $\sigma_2=0.6$ ， $\beta=0.01$

（b） $\sigma_1=0.5$ ， $\sigma_2=0.6$ ， $\beta=0.015$

（c） $\sigma_1=0.5$ ， $\sigma_2=0.6$ ， $\beta=0.02$

（d） $\sigma_1=0.5$ ， $\sigma_2=0.6$ ， $\beta=0.05$

图 7-3　 $0<\sigma_1<1$ ， $0<\beta<\dfrac{1+\sigma_1}{t_2-N_2}$ 条件下偏利共生模式扩展 Logistic 模型的数值仿真

通过图 7-3 或图 7-4 可以发现：当 β 值较小时，员工（企业）的产出随时间逐渐增加，但不会超过自身的最大容量；随着 β 值的增大，员工（企业）的产出随时间的增长速度逐渐放缓；当 β 达到一定值时，员工（企业）的产出随时间出现负增长，并且 β 值越大，负增长速度越快。这就说明，偏利共生模式下，若共生主体的心理契约破裂感较低，共生系统可以低水平共存；若共生主体的心理契约破裂感较高，暂时均衡的共生系统最终会走向瓦解。

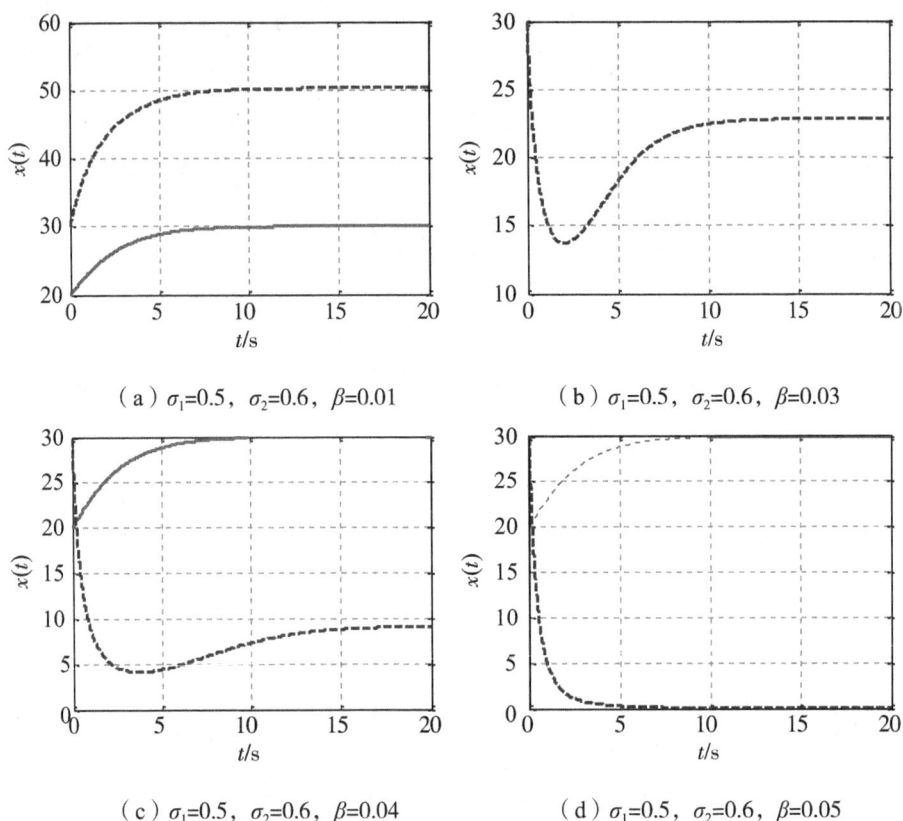

（a）σ_1=0.5，σ_2=0.6，β=0.01

（b）σ_1=0.5，σ_2=0.6，β=0.03

（c）σ_1=0.5，σ_2=0.6，β=0.04

（d）σ_1=0.5，σ_2=0.6，β=0.05

图 7-4 $0<\sigma_2<1$，$0<\beta<\dfrac{1+\sigma_1}{t_2-N_2}$ 条件下偏利共生模式扩展 Logistic 模型的数值仿真

三、非对称性互惠共生模式下扩展 Logistic 模型的数值仿真

分别取 $\beta=0.01$、$\beta=0.015$、$\beta=0.02$、$\beta=0.025$，通过仿真得到图 7-5，由图 7-5 可以了解到：当共生主体的心理契约破裂感知程度较小时，共生系统向平衡点 $E_2(0, N_2(1-\beta t_1))$ 演变；随着共生主体的心理契约破裂感知程度的加大，系统又向平衡点 $E_1(0,0)$ 演变。总的来看，在相同的心理契约破裂感程度下，企业心理契约破裂给员工带来的影响比员工的心理契约破裂给企业带来的影响要大，并且不论系统的稳定点为 $E_1(0,0)$ 还是 $E_2[0, N_2(1-\beta t_1)]$，员工和企业的共生关系都不会长期存在。

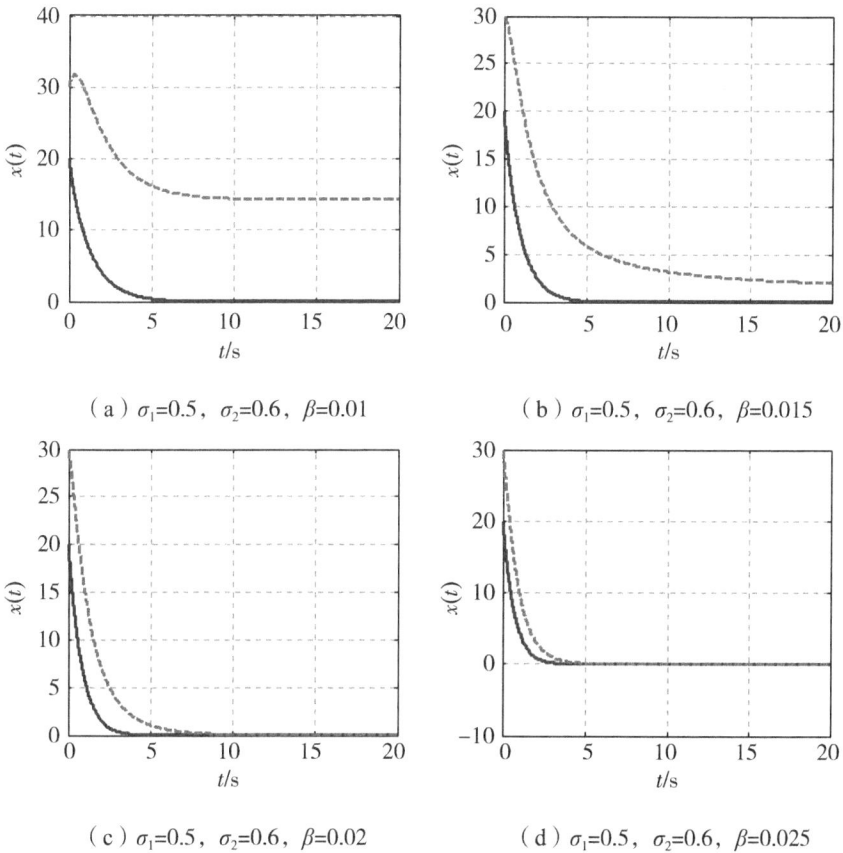

（a）σ_1=0.5，σ_2=0.6，β=0.01　　　　（b）σ_1=0.5，σ_2=0.6，β=0.015

（c）σ_1=0.5，σ_2=0.6，β=0.02　　　　（d）σ_1=0.5，σ_2=0.6，β=0.025

图 7-5　非对称性互惠共生模式下扩展 Logistic 模型的数值仿真

第五节　不同共生关系模式下 Logistic 模型和扩展 Logistic 模型比较分析

为了更加明确心理契约破裂带来的影响，本节将对基本 Logistic 模型和扩展 Logistic 模型的稳定结果和演化规律进行比较分析。

一、寄生模式下的比较分析

从稳定点个数来看，基本 Logistic 模型的稳定点有 2 个，扩展 Logistic 模型的稳定点仅有 1 个；从稳定条件来看，基本 Logistic 模型的稳定条件比扩展 Logistic 模型的稳定条件要宽松；从仿真结果（图 7-6 和图 7-7）来看，在相同条件下，考虑心理契约破裂因素时，共生系统达到稳态的速度更快，即企业与员工的共生关系瓦解得更快。

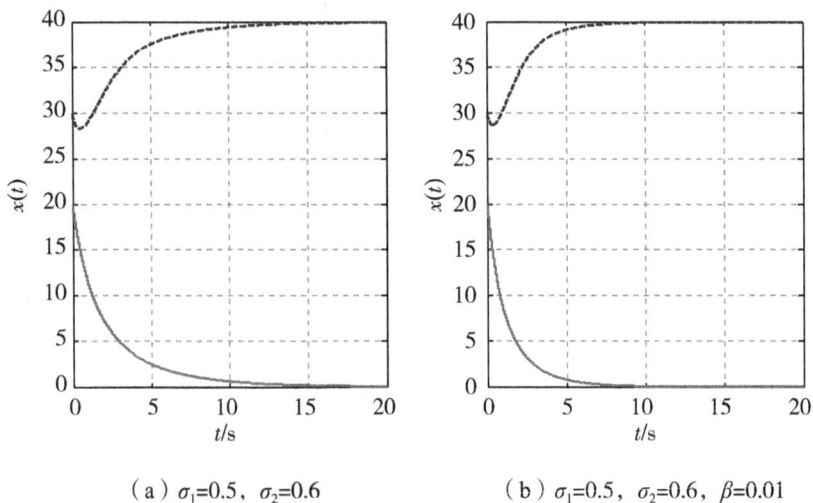

（a）$\sigma_1=0.5$，$\sigma_2=0.6$ （b）$\sigma_1=0.5$，$\sigma_2=0.6$，$\beta=0.01$

图 7-6　寄生模式下的数值仿真比较结果

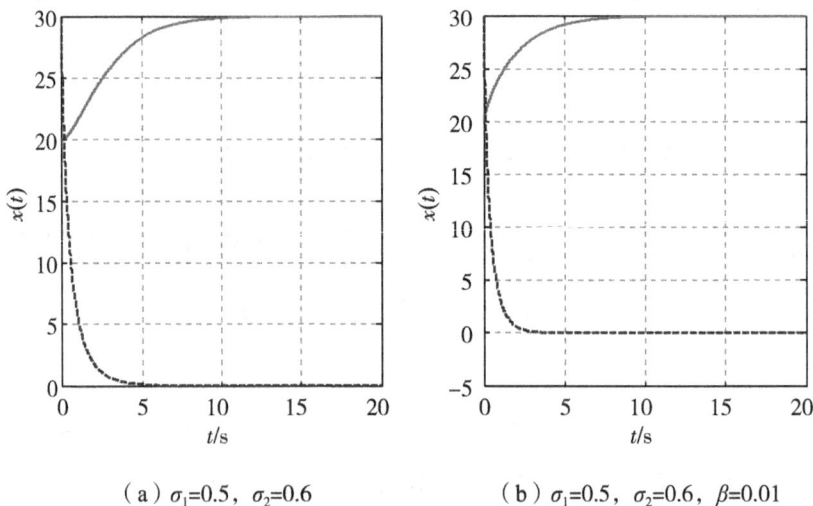

（a）$\sigma_1=0.5$，$\sigma_2=0.6$ （b）$\sigma_1=0.5$，$\sigma_2=0.6$，$\beta=0.01$

图 7-7　寄生模式下的数值仿真比较结果

二、偏利共生模式下的比较分析

从稳定点个数来看，基本 Logistic 模型的稳定点和扩展 Logistic 模型的稳定点都只有 1 个；从稳定条件来看，基本 Logistic 模型的稳定条件比扩展 Logistic 模型的稳定条件要宽松；从仿真结果（图 7-8 和图 7-9）来看，在相同条件下，共生系统达到稳态的速度因心理契约破裂因素而放缓，但受益一方会因对方的心理契约破裂感产生损失。

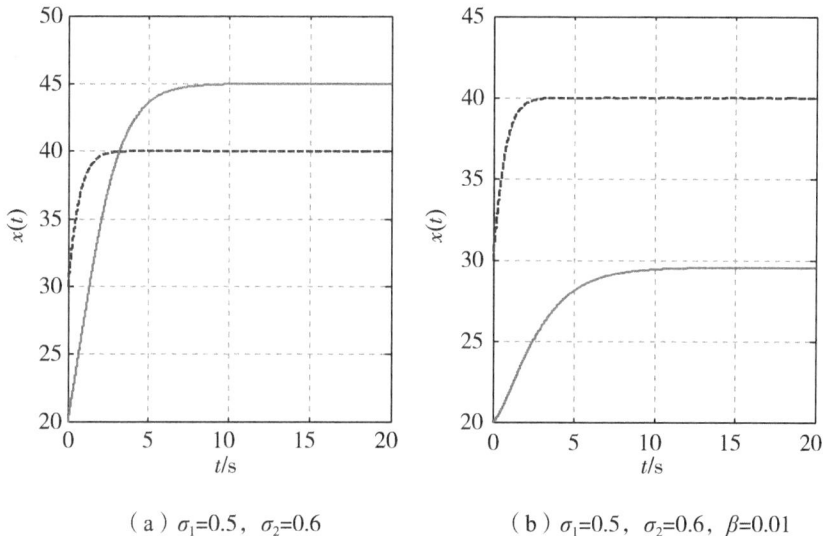

（a）$\sigma_1=0.5$，$\sigma_2=0.6$　　　　　（b）$\sigma_1=0.5$，$\sigma_2=0.6$，$\beta=0.01$

图 7-8　偏利共生模式下的数值仿真比较结果

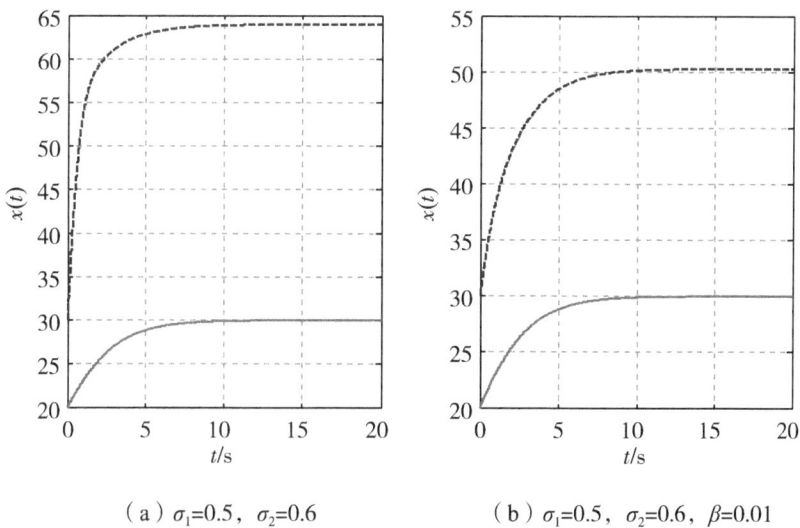

（a）$\sigma_1=0.5$，$\sigma_2=0.6$　　　　　（b）$\sigma_1=0.5$，$\sigma_2=0.6$，$\beta=0.01$

图 7-9　偏利共生模式下的数值仿真比较结果

三、非对称性互惠共生模式下的比较分析

从稳定点个数来看，基本 Logistic 模型的稳定点和扩展 Logistic 模型的稳定点都是 2 个；从稳定点的直观值来看，共生系统达到稳定时，基本 Logistic 模型中员工和企业的产出均大于零，而扩展 Logistic 模型中员工和企业的产出均等于零，这表明，在非对称性互惠共生模式下，员工和企业的心理契约破裂会造成共生关系的真正破裂；从稳定条件来看，基本 Logistic 模型的稳定条件比扩展 Logistic 模型的稳定条件要宽松。因为稳定条件的差异，这里没能给出对比图形。

结　论

一、研究结果

本书在企业与员工关系研究、共生理论、心理契约破裂理论和 Logistic 模型的基础上，构建了基于心理契约破裂因素的企业与员工共生关系扩展 Logistic 模型，并通过 MATLAB 数值仿真技术对模型进行了检验。通过理论分析和仿真检验，本书得出了以下五点有意义的研究结论。

①企业与员工之间的相互作用关系与生物界种群之间的关系极为类似。企业与员工由于外部因素或市场演变力量的作用而集结在一起形成集群，共同生存、协同进化，达到共同发展的目的，因而可以运用生物学中的模型来描述这种企业和员工的共生关系。

②心理契约破裂是一个多维度概念，具体包括交易型心理契约破裂、人际关系型心理契约破裂、工作支持型心理契约破裂和发展型心理契约破裂四个维度。此外，心理契约破裂具有动态性，主要体现在心理契约破裂随着企业与员工关系发展的不同阶段呈现出某一具体表现形式。

③从企业与员工的共生行为模式来看，对称性互惠共生是市场条件下的理想共生状态，也是最有效率、最有凝聚力及最稳定的共生形态。从企业与员工的共生组织模式来看，连续共生组织模式是企业与员工共生关系中效率最高且最稳定的共生组织模式。心理契约破裂是一种普遍现象，在企业与员工共生关系中同样存在，其会负向影响企业与员工共生关系所期望的关系演变方向，即从建立、发展、协调向成熟阶段演变。

④企业与员工共生关系可以通过构建 Logistic 模型来分析研究。发现企业与员工对对方的贡献相对来说不大的条件下，对称性互惠共生模式是

企业与员工之间最理想的、最有效率且最为稳定的共生模式，此时是企业与员工共生关系的成熟阶段。而其他企业与员工共生关系阶段的共生模式均效率低，企业与员工的整体竞争力没有得到提升。虽然其他共生关系阶段不是企业与员工共生关系最优状态，但依据企业与员工共生关系的发展阶段来看，却是必经阶段，是一个逐步发展演进的过程。

⑤由于心理契约破裂的普遍存在及其对企业与员工共生关系的重要影响，在企业与员工共生关系 Logistic 模型引入心理契约破裂参数，构建企业与员工共生关系扩展 Logistic 模型，发现预防心理契约破裂的企业与员工共生关系达到稳态的速度更快。

二、主要创新点

本书的主要创新点可以概括为以下三点。

①提出以企业与员工关系的发展为目的，基于共生理念的"互补性""协同性""增值性"及"共赢性"内涵构建企业与员工共生关系模型，并依此分析企业与员工共生关系所呈现的结构特征和演化规律。

②应用 Logistic 模型及 MATLAB 数值仿真技术研究企业与员工共生关系，构建并推演不同共生模式下的企业与员工共生关系 Logistic 模型和均衡状态，探求企业与员工共生关系最有效率且最为稳定的共生模式。

③基于心理契约破裂在企业与员工共生关系中的重要意义，应用 Logistic 模型及 MATLAB 数值仿真技术，构建并推演不同共生模式下企业与员工共生关系扩展 Logistic 模型，探求心理契约破裂对企业与员工共生关系的影响。

三、有待进一步研究的问题

本书的研究工作主要集中在企业与员工共生关系 Logistic 模型构建与模型数值仿真检验。在后续的研究工作中，还可以在以下三个方面进一步深化研究工作。

①在管理领域中，将共生理论应用于其中的研究还不够深入，国内外在这方面的研究没有统一的方法，本书的研究采用共生理论的研究方法只

是一个尝试，可以用来借鉴。因此，在掌握理论和技术应用上还有缺点，有待进一步改善。

②本书主要通过定性和少量的定量分析，努力完成问题的分析，但总显不足，支持本书的结论似乎有点单薄，是否可以找到更合适的数学模型，以及一些数据的内部连接，以弥补不足，有待进一步讨论。

③本书结论若可以与相对成熟的企业合作，进行深入的定量研究与分析，并得出结论，又将得到很多实际应用的反馈信息，以便更加完善本书提出的新模型。

附　录

附录 A　心理契约破裂感知调查问卷

尊敬的先生/女士：

　　您好！

　　非常感谢您抽出宝贵的时间帮助我完成这份问卷的填答！这是一份学术性的研究问卷，目的是想了解您在贵公司心理契约破裂感知的情况。您所提供的答案并无对错之分，所有资料仅供统计分析使用，请您根据个人的实际感受作答。谢谢您的支持与协助！

研究者：马旭军

太原科技大学经济与管理学院教师

北京工业大学经济与管理学院博士研究生

第一部分　个人基本信息，请以打"√"的方式完成以下选项

1. 您的性别

　　①男　②女

2. 您的年龄

　　①25 岁及以下　②25 ~ 35 岁　③35 ~ 45 岁　④45 ~ 55 岁

　　⑤55 岁及以上

3. 您的工龄

　　①1 年及以下　②1～3 年　③3～5 年　④5～10 年

　　⑤10 年及以上

4. 您的受教育程度

　　①大专以下　②大学（含大专）　③硕士研究生　④博士研究生

5. 单位性质

　　①民营企业　②国有企业　③外资企业

6. 您的职务级别

　　①技术人员　②基层管理人员　③中层管理人员　④高层管理人员

　　⑤其他

第二部分　请您仔细阅读每一个题项，并根据您自身的真实感受，在下面 5 个等级的量表上进行选择，在最符合自己情况的问项上打"√"

序列	问项	非常好	比较好	一般	不太好	非常不好
1	总的来说，您觉得您的待遇公平合理吗？					
2	公司有良好的保健福利吗？					
3	公司有良好的休假福利吗？					
4	如果失业，您有完整的工作保障吗？					
5	公司有完善的退休计划吗？					
6	您能感觉到公司对您的尊重吗？					
7	您能感觉到公司对您的信任吗？					
8	您能感觉到公司的平等吗？					
9	您能感觉到公司对您的生活关照吗？					
10	您能感觉到公司对您的情感关怀吗？					
11	公司能按照个人能力和技术专长为您合理安排工作岗位吗？					

续表

序列	问项	非常好	比较好	一般	不太好	非常不好
12	公司的工作环境良好且安全吗？					
13	公司能为您提供足够的资源完成工作吗？					
14	您在工作中自主空间充分吗？					
15	您能参与公司的决策吗？					
16	公司能给予您专业指导吗？					
17	公司能为您提供晋升空间吗？					
18	您的工作具有一定的挑战性吗？					
19	公司能指引您未来的发展目标吗？					
20	公司能为您提供系统、持续的专业培训吗？					

附录 B　MATLAB 数值仿真程序代码

文件:CaclPlotRowColNum. m

function [plotNum] = CaclPlotRowColNum(n)

% 计算子图布局方式

% 输入参数 n 指定要绘制的子图个数,函数会自动给出相应的布局方式!

```
if n = = 1
    % 1 * 1
    plotNum = 111;
elseif n = = 2
    % 2 * 1
    plotNum = 121;
elseif n = = 3
    % 3 * 1
    plotNum = 311;
elseif n = = 4
    % 2 * 2
    plotNum = 221;
elseif n = = 5
    % 3 * 2
    plotNum = 321;
elseif n = = 6
    % 3 * 2
    plotNum = 321;
```

```
    elseif n = = 7
        % 4 * 2
        plotNum = 241;
    elseif n = = 8
        % 4 * 2
        plotNum = 421;
    elseif n = = 9
        % 3 * 3
        plotNum = 331;
    else
        % 3 * 3
        plotNum = 331;
    end
```

文件：f631_1. m

function [dX] = f631_1 (t, X, args)

% 寄生模式下的 Logistic 模型——员工受益、企业受害

% 参考第六章第五节"寄生模式下的 Logistic 模型"内容

% 输入参数向量 args 包括：

% r1, r2——固有增长率

% N1, N2——最大容量

% sigma1——企业对员工有一个正向的贡献率

% sigma2——员工对企业有一个负向的贡献率

r1 = args(1); r2 = args(2); N1 = args(3); N2 = args(4); sigma1 = args(5);

sigma2 = args(6);

% r1 = 0. 5; r2 = 1. 8; N1 = 80; N2 = 100; sigma1 = 1. 2; sigma2 = 0. 7;

dX = zeros(2, 1);

dX(1) = r1 * X(1) * (− 1 − X(1)/N1 + sigma1 * X(2)/N2);

$$dX(2) = r2 * X(2) * [1 - X(2)/N2 - sigma2 * X(1)/N1];$$

文件:f631_2. m

function [dX] = f631_2(t, X, args)

% 寄生模式下的 Logistic 模型——企业受益、员工受害

% 参考第六章第五节"寄生模式下的 Logistic 模型"内容

% 输入参数向量 args 包括:

% r1,r2——固有增长率

% N1,N2——最大容量

% sigma1——企业对员工有一个正向的贡献率

% sigma2——员工对企业有一个负向的贡献率

r1 = args(1);r2 = args(2);N1 = args(3);N2 = args(4);sigma1 = args(5);
sigma2 = args(6);

dX = zeros(2,1);

$$dX(1) = r1 * X(1) * (1 - X(1)/N1 - sigma1 * X(2)/N2);$$

$$dX(2) = r2 * X(2) * (-1 - X(2)/N2 + sigma2 * X(1)/N1);$$

文件:f632_1. m

function [dX] = f632_1(t, X, args)

% 偏利共生模式下的 Logistic 模型——员工受益、企业既无利也无害

% 参考第六章第五节"偏利共生模式下的 Logistic 模型"内容

% 输入参数向量 args 包括:

% r1,r2——固有增长率

% N1,N2——最大容量

% sigma1——企业对员工的偏利效应

% sigma2——员工对企业的偏利效应

r1 = args(1);r2 = args(2);N1 = args(3);N2 = args(4);sigma1 = args(5);
sigma2 = args(6);

```
dX = zeros(2,1);
dX(1) = r1 * X(1) * (1 - X(1)/N1 + sigma1 * X(2)/N2);
dX(2) = r2 * X(2) * (1 - X(2)/N2);
```

文件:f632_2. m

function [dX] = f632_2(t, X, args)

% 偏利共生模式下的 Logistic 模型——企业受益、员工既无利也无害

% 参考第六章第五节"偏利共生模式下的 Logistic 模型"内容

% 输入参数向量 args 包括:

% r1,r2——固有增长率

% N1,N2——最大容量

% sigma1——企业对员工的偏利效应

% sigma2——员工对企业的偏利效应

```
r1 = args(1);r2 = args(2);N1 = args(3);N2 = args(4);sigma1 = args(5);
sigma2 = args(6);
dX = zeros(2,1);
dX(1) = r1 * X(1) * (1 - X(1)/N1);
dX(2) = r2 * X(2) * (1 - X(2)/N2 + sigma2 * X(1)/N1);
```

文件:f633_2. m

function [dX] = f633_2(t, X, args)

% 非对称性互惠共生模式下的 Logistic 模型——企业独立增长、员工依
赖增长

% 参考第六章第五节"非对称性互惠共生模式下的 Logistic 模型"内容

% 输入参数向量 args 包括:

% r1,r2——固有增长率

% N1,N2——最大容量

% sigma1——企业对员工有一个正向的贡献率

% sigma2——员工对企业有一个负向的贡献率

r1 = args(1);r2 = args(2);N1 = args(3);N2 = args(4);sigma1 = args(5);

sigma2 = args(6);

dX = zeros(2,1);

dX(1) = r1 * X(1) * (-1 - X(1)/N1 + sigma1 * X(2)/N2);

dX(2) = r2 * X(2) * (1 - X(2)/N2 + sigma2 * X(1)/N1);

文件:f634_1. m

function [dX] = f634_1(t, X, args)

% 对称性互惠共生模式下的 Logistic 模型——企业与员工均独立增长

% 参考第六章第五节"对称性互惠共生模式下的 Logistic 模型"内容

% 输入参数向量 args 包括:

% r1,r2——固有增长率

% N1,N2——最大容量

% sigma1——企业对员工有一个正向的贡献率

% sigma2——员工对企业有一个负向的贡献率

r1 = args(1);r2 = args(2);N1 = args(3);N2 = args(4);sigma1 = args(5);

sigma2 = args(6);

dX = zeros(2,1);

dX(1) = r1 * X(1) * (1 - X(1)/N1 + sigma1 * X(2)/N2);

dX(2) = r2 * X(2) * (1 - X(2)/N2 + sigma2 * X(1)/N1);

文件:f634_2. m

function [dX] = f634_2(t, X, args)

% 对称性互惠共生模式下的 Logistic 模型——企业与员工均依赖增长

% 参考第六章第五节"对称性互惠共生模式下的 Logistic 模型"内容

% 输入参数向量 args 包括:

% r1,r2——固有增长率

% N1,N2——最大容量

% sigma1——企业对员工有一个正向的贡献率

% sigma2——员工对企业有一个负向的贡献率

r1 = args(1);r2 = args(2);N1 = args(3);N2 = args(4);sigma1 = args(5);

sigma2 = args(6);

dX = zeros(2,1);

dX(1) = r1 * X(1) * (-1 - X(1)/N1 + sigma1 * X(2)/N2);

dX(2) = r2 * X(2) * (-1 - X(2)/N2 + sigma2 * X(1)/N1);

文件:f731_1. m

function [dX] = f731_1(t, X, args)

% 寄生模式下的扩展 Logistic 模型——员工受益、企业受害

% 参考第七章第三节"寄生模式下的扩展 Logistic 模型"内容

% 输入参数向量 args 包括:

% r1,r2——固有增长率

% N1,N2——最大容量

% sigma1——企业对员工有一个正向的贡献率

% sigma2——员工对企业有一个负向的贡献率

% beta——扩展参数

r1 = args(1);r2 = args(2);N1 = args(3);N2 = args(4);sigma1 = args(5);

sigma2 = args(6);beta = args(7);

% r1 = 0. 5;r2 = 1. 8;N1 = 80;N2 = 100;sigma1 = 0. 8;sigma2 = 0. 7;beta = 0. 8;

dX = zeros(2,1);

t2 = (1 + sigma2) * N2/(1 - sigma1 * sigma2);

t1 = (1 + sigma1) * N1/(1 - sigma1 * sigma2);

dX(1) = r1 * X(1) * (-1 - X(1)/N1 + sigma1 * X(2)/N2 + beta * (X(2) - t2));

dX(2) = r2 * X(2) * (1 - X(2)/N2 - sigma2 * X(1)/N1);

文件:f731_2. m

function [dX] = f731_2(t, X, args)

% 寄生模式下的扩展 Logistic 模型——企业受益、员工受害

% 参考第七章第三节"寄生模式下的扩展 Logistic 模型"内容

% 输入参数向量 args 包括:

% r1 ,r2——固有增长率

% N1 ,N2——最大容量

% sigma1——企业对员工有一个正向的贡献率

% sigma2——员工对企业有一个负向的贡献率

% beta——扩展参数

r1 = args(1);r2 = args(2);N1 = args(3);N2 = args(4);sigma1 = args(5);

sigma2 = args(6);beta = args(7);

% r1 = 0. 5;r2 = 1. 8;N1 = 6;N2 = 10;sigma1 = 0. 8;sigma2 = 0. 7;beta = 0. 1;

dX = zeros(2 ,1);

t2 = (1 + sigma2) * N2/(1 − sigma1 * sigma2);

t1 = (1 + sigma1) * N1/(1 − sigma1 * sigma2);

dX(1) = r1 * X(1) * (1 − X(1)/N1 + sigma1 * X(2)/N2);

dX(2) = r2 * X(2) * (− 1 − X(2)/N2 + sigma2 * X(1)/N1 +

beta * (X(1) − t1));

文件:f732_1. m

function [dX] = f732_1(t, X, args)

% 偏利共生模式下的扩展 Logistic 模型——员工受益、企业既无利也
无害

% 参考第七章第三节"偏利共生模式下的扩展 Logistic 模型"内容

% 输入参数向量 args 包括:

% r1 ,r2——固有增长率

% N1 ,N2——最大容量

% sigma1——企业对员工的偏利效应

% sigma2——员工对企业的偏利效应

% beta——扩展参数

r1 = args(1);r2 = args(2);N1 = args(3);N2 = args(4);sigma1 = args(5);
sigma2 = args(6);beta = args(7);

% r1 = 0. 5;r2 = 1. 8;N1 = 6;N2 = 10;sigma1 = 0. 8;sigma2 = 0. 7;beta = 0. 1;

dX = zeros(2,1);

t2 = (1 + sigma2) * N2/(1 - sigma1 * sigma2);

t1 = (1 + sigma1) * N1/(1 - sigma1 * sigma2);

dX(1) = r1 * X(1) * (1 - X(1)/N1 + sigma1 * X(2)/N2 +
beta * (X(2) - t2));

dX(2) = r2 * X(2) * (1 - X(2)/N2);

文件:f732_2. m

function [dX] = f732_2(t, X, args)

% 偏利共生模式下的扩展 Logistic 模型——企业受益、员工既无利也
无害

% 参考第七章第三节"偏利共生模式下的扩展 Logistic 模型"内容

% 输入参数向量 args 包括:

% r1,r2——固有增长率

% N1,N2——最大容量

% sigma1——企业对员工的偏利效应

% sigma2——员工对企业的偏利效应

% beta——扩展参数

r1 = args(1);r2 = args(2);N1 = args(3);N2 = args(4);sigma1 = args(5);
sigma2 = args(6);beta = args(7);

% r1 = 0. 5;r2 = 1. 8;N1 = 6;N2 = 10;sigma1 = 0. 8;sigma2 = 0. 7;beta = 0. 1;

dX = zeros(2,1);

$t2 = (1 + \text{sigma2}) * N2/(1 - \text{sigma1} * \text{sigma2});$

$t1 = (1 + \text{sigma1}) * N1/(1 - \text{sigma1} * \text{sigma2});$

$dX(1) = r1 * X(1) * (1 - X(1)/N1);$

$dX(2) = r2 * X(2) * (1 - X(2)/N2 + \text{sigma2} * X(1)/N1 +$

$\text{beta} * (X(1) - t1));$

文件:f733_2. m

function [dX] = f733_2(t, X, args)

% 非对称性互惠共生模式下的 Logistic 模型——员工独立增长、企业依赖增长

% 参考第七章第三节"非对称性互惠共生模式下的扩展 Logistic 模型"内容

% 输入参数向量 args 包括:

% r1,r2——固有增长率

% N1,N2——最大容量

% sigma1——企业对员工有一个正向的贡献率

% sigma2——员工对企业有一个负向的贡献率

% beta——扩展参数

$r1 = \text{args}(1); r2 = \text{args}(2); N1 = \text{args}(3); N2 = \text{args}(4); \text{sigma1} = \text{args}(5);$

$\text{sigma2} = \text{args}(6); \text{beta} = \text{args}(7);$

% r1 = 0.5; r2 = 1.8; N1 = 6; N2 = 10; sigma1 = 0.8; sigma2 = 0.7; beta = 0.1;

$dX = \text{zeros}(2,1);$

$t2 = (1 + \text{sigma2}) * N2/(1 - \text{sigma1} * \text{sigma2});$

$t1 = (1 + \text{sigma1}) * N1/(1 - \text{sigma1} * \text{sigma2});$

$dX(1) = r1 * X(1) * (-1 - X(1)/N1 + \text{sigma1} * X(2)/N2 +$

$\text{beta} * (X(2) - t2));$

$dX(2) = r2 * X(2) * (1 - X(2)/N2 + \text{sigma2} * X(1)/N1 +$

$\text{beta} * (X(1) - t1));$

文件:MultiPlot. m

function MultiPlot(names, datas, titles, bPlotInOne, options)

% 一次性绘制多个图形(多个图形窗口或一个图形窗口多个子图)

% 参数:

%   names——元组 cell 类型,表示每一组数据的 x 轴或 y 轴名称,其中第 1 个数据是 x 轴,其他的则是 y 轴

%   例如 names = {'t/s', 'x1(t)', 'x2(t)'}

%   datas——元组 cell 类型,该数据的形式比较灵活,可以是多个向量构成的元组,也可以是多个元组的嵌套

%   例如{[1,2,3], [3,4,5]} 或者{ {[1,2,3], [3,4,5]}, {[1.3, 2.4,4.5], [4.5, 6.7, 7.8]} }

%   titles——每个子图的标题

%   bPlotInOne——布尔变量(取值 true 或 false), true——表示在一个图形窗口中用多个子图显示曲线

%   false——表示用多个图形窗口中显示曲线,每个图形窗口显示一组数据

%

%   disp(sprintf('names:% d', length(names)));

%   disp(sprintf('datas:% d', length(datas)));

%   disp(sprintf('titles:% d', length(titles)));

    if length(names) < 2 || length(datas) < 2 || length(datas) ~ = length(titles)

        return;

    end

    % 数据个数

    N = length(names); M = length(datas);

    % 计算子图布局方式

    [plotNum] = CaclPlotRowColNum(M);

```
for i = 1 : M
    if  ~ bPlotInOne
        subplot( plotNum) ;
        plotNum  =  plotNum  +  1 ;
    end
    % 提取数据
    all_data  =  datas{ i} ;
    xdata  =  all_data{ 1} ; ydata  =  all_data( 2 : end) ; ytitle  =  titles
{i} ;

    % 绘制曲线
    OnePlot( xdata, ydata, ytitle, options) ;
    % 设置 label 和 title
    for j = 2 : N
        xname  =  names{ 1} ; yname  =  names{ j} ;
        if options. use_latex
            % 设置 x 轴的文本标签
            xlabel( sprintf( ' $ $ % s $ $ ', xname) , 'Interpreter',
'LaTex', 'FontName', options. font_name, 'FontSize', options. font_size) ;
            % 设置 y 轴的文本标签
            ylabel( sprintf( ' $ $ % s $ $ ', yname) , 'Interpreter',
'LaTex', 'FontName', options. font_name, 'FontSize', options. font_size) ;
            % 设置图形标题( 放在底部)
            title( sprintf( ' $ $ % s $ $ ', ytitle) , 'Interpreter',
'LaTex', 'Units', 'normalized', 'Position', [ 0. 5  – 0. 12 ] , 'FontName', op-
tions. font_name, 'FontSize', options. font_size) ;
        else
            % 设置 x 轴的文本标签
            xlabel( sprintf( '% s', xname) , 'FontName', options. font_
name, 'FontSize', options. font_size) ;
```

% 设置 y 轴的文本标签

ylabel(sprintf('% s', yname), 'FontName', options. font
_name, 'FontSize', options. font_size);

% 设置图形标题(放在底部)

title (sprintf ('% s', ytitle) , 'Units', 'normalized',
'Position', options. title_pos, 'FontName', options. font_name, 'FontSize', op-
tions. font_size);

     end

    end

    if bPlotInOne

     hold on;

    end

   end

文件:myfunc. m

```
function [t, x1, x2] = myfunc(name, args, x0, n, step)
```

% 常微分方程求解过程的封装

% 输入参数:

% name——模型函数名称(微分方程函数)

% args——参数向量,依次为: r1, r2, N1, N2, sigma1, sigma2, beta

% r1,r2——最大知识存量

% N1,N2——最大容量

% sigma1——企业对员工有一个正向的贡献率

% sigma2——员工对企业有一个负向的贡献率

% x0—— x1 和 x2 的初始值

% n——时间点上限

% step——时间步长

% 返回值:

% t——x 轴数据

% x1，x2——y 轴数据

% 设置常微分方程求解精度

options = odeset('RelTol',1e - 4,'Abstol',[1e - 4   1e - 5]);

% 将函数名称转换成函数句柄

func = str2func(name);

% 匿名函数(该函数调用了 df731_1 函数)

fHandle = @(t,X) func(t,X,args);

[t,X] = ode45(fHandle,[0:step:n], x0, options);

% 取出相应的数据

x1 = X(:,1); x2 = X(:,2);

文件:Oneplot. m

```
function Oneplot(t, x, fig_title, options)
```

% 在一个图形窗口中显示多条曲线

% 参数:

% t——x 轴时间变量，s

% x——y 轴数据(可以是一个向量,也可以是多个向量构成的元组
cell)

% 例如[1,2,3]或{[1,2,3],[1.5, 6.7, 2.4],[5, 6, 7]}

% fig_title - -图形标题

% plot 函数参考文章

% http://jingyan. baidu. com/article/f006222806b6dcfbd2f0c879. html

% http://blog. sina. com. cn/s/blog_6e0693f70100nj22. html

% http://blog. sciencenet. cn/blog - 662228 - 635447. html

% http://zhidao. baidu. com/link? url = - _ QRFmlPUQEOEykcTifh -
m8PBsV1hFK2xizLJPBzRi1VvaZNPP0SsuZDRYE7DurPebqTe7dR8hmU69_2EW
Pk57b2sEReeHq97yag1oZyFsu

```
if isfloat(x)
        plot(t, x, '-',  'linewidth', options. line_width);
else
        n = length(x);
        if n == 1
                plot(t, cell2mat(x(1)), '-',  'linewidth', options. line_
width);
        else
                for i = 1:n
                        line_style = sprintf('% s', options. plot_colors{mod(i,
length(options. plot_colors))});
                        plot(t, cell2mat(x(i)), line_style, 'linewidth', op-
tions. line_width);
                        if i < n
                                hold on;
                        end
                end
        end
end
% 是否显示网格线
if options. grid
        grid on;
else
        grid off;
end
% 设置坐标轴的字体
 set(gca, 'FontName', options. font_name, 'FontSize', options. font_
size);
if options. use_latex
```

% 设置 x 轴的文本标签

xlabel (sprintf (' $ $ % s $ $ ', 't/s') , 'Interpreter', 'LaTex',
'FontName', options. font_name, 'FontSize', options. font_size) ;

% 设置 y 轴的文本标签

ylabel (sprintf (' $ $ % s $ $ ', 'x (t) ') , 'Interpreter', 'LaTex',
'FontName', options. font_name, 'FontSize', options. font_size) ;

% 设置图形标题(放在底部,实现效果不佳,暂时注释掉!!!)

title (sprintf (' $ $ % s $ $ ', fig_title) , 'Interpreter', 'LaTex',
'Units', 'normalized', 'Position', [0. 5 - 0. 12] , 'FontName', options. font_
name, 'FontSize', options. font_size) ;

else

% 设置 x 轴的文本标签

xlabel (sprintf ('% s', 't/s') , 'FontName', options. font_name,
'FontSize', options. font_size) ;

% 设置 y 轴的文本标签

ylabel (sprintf ('% s', 'x (t) ') , 'FontName', options. font_name,
'FontSize', options. font_size) ;

% 设置图形标题(放在底部)

title (sprintf ('% s', fig_title) , 'Units', 'normalized', 'Position', op-
tions. title_pos, 'FontName', options. font_name, 'FontSize', options. font_size) ;

end

% 显示图例

% legend ('x_1 (t) ', 'x_2 (t) ') ;

% 设置 x 轴和 y 轴的区间范围

% axis([0 2 * pi - 0. 9 0. 9]) ;

% 在指定坐标位置增加文本信息

% text(1. 5 , 0. 3 , 'cos(x) ') ;

% 关闭 hold on

hold off

文件:test63_vs_73. m

```
% 清空所有变量
clear;
% * * * * * * * * * * * * * * 基础参数 * * * * * * * * * * * * * *
% 最大知识存量
N1 = 30; N2 = 40;
% 固有增长率
r1 = 0.5; r2 = 1.8;
% x1 和 x2 初始值
x1_0 = 20; x2_0 = 30;
% 时间上限
n = 20;
% 时间步长
step = 0.01;
% * * * * * * * * * * * * * * 模型扩展参数 * * * * * * * * * * * * *
beta = 0.04;
% 模型函数名称
name1 = 'f632_2'; name2 = 'f732_2';
% * * * * * * * * * * * * 调用模型函数计算 * * * * * * * * * * * *
sigma1_1 = 0.5; sigma1_2 = 0.6;
[t1, x1_1, x1_2] = myfunc(name1, [r1 r2 N1 N2 sigma1_1 sigma1_2
beta], [x1_0 x2_0], n, step);
    % 调整 sigma 参数,重新计算
    sigma2_1 = 0.5; sigma2_2 = 0.6;
    [t2, x2_1, x2_2] = myfunc(name2, [r1 r2 N1 N2 sigma2_1 sigma2_2
beta], [x1_0 x2_0], n, step);
% * * * * * * * * * * * * * * * 绘制曲线 * * * * * * * * * * * * * * *
% 定义图的标题
```

```matlab
if ~isempty(strfind(name1, 'f73'))
    % 有 beta 参数
    a_title = sprintf('(a) \\sigma_1 = %.1f,\\sigma_2 = %.1f,\\beta = %.2f', [sigma1_1, sigma1_2, beta]);
else
    % 无 beta 参数
    a_title = sprintf('(a) \\sigma_1 = %.1f,\\sigma_2 = %.1f', [sigma1_1, sigma1_2]);
end
if ~isempty(strfind(name2, 'f73'))
    % 有 beta 参数
    b_title = sprintf('(b) \\sigma_1 = %.1f,\\sigma_2 = %.1f,\\beta = %.2f', [sigma2_1, sigma2_2, beta]);
else
    % 无 beta 参数
    b_title = sprintf('(b) \\sigma_1 = %.1f,\\sigma_2 = %.1f', [sigma2_1, sigma2_2]);
end
% 构造绘图参数元组对象
% 是否使用 latex
options.use_latex = false;
% 字体名称
options.font_name = 'Times New Roman';
% 字体大小(10.5 小五号字体, 12 小四号字体)
options.font_size = 11;
% 是否显示网格线
options.grid = true;
% 线宽
options.line_width = 2;
```

```
% 颜色列表
options. plot_colors = {' – r', ' – – b', 'g', 'c', 'm', 'y', 'k', 'w'};
% 标题位置
options. title_pos = [0.5 – 0.12];
% 如果要把曲线都放在一个图多个子图,将 if 1 改成 if 0
if 0
    % 设置图形的大小
    % set(gcf,'unit','normalized','position',[0.2,0.05,0.6,0.6]);
    figure;% 第 1 个图
    % 如果只看一个图,就使用 OnePlot 函数(省事一点)
    Oneplot(t1, {x1_1, x1_2}, a_title, options);
    % 设置刻度间距
    % set(gca,'xtick',0:2:20);
    % set(gca,'ytick',0:5:40);
    figure;% 第 2 个图
    Oneplot(t2, {x2_1, x2_2}, b_title, options);
else
    figure;
    % 如果一个图中有多个子图(比如参数变化),就使用 MultiPlot 函数
    MultiPlot({'t/s', 'x(t)', 'x(t)'}, {{t1, x1_1, x1_2}, {t2, x2_1,
x2_2}}, {a_title, b_title}, false, options);
end
% 将计算数据写入到 txt 文件
% 如果对 matlab 绘图效果不满意,可以利用其他绘图软件进行处理绘
图!! 比如 origin、sigmaplot 等
    WriteData({'t', 'x1', 'x2'}, {{t1, x1_1, x1_2}, {t2, x2_1, x2_2}},
{a_title, b_title}, 'data73. txt');
```

文件：test73. m

```
% 清空所有变量
clear;
% ＊＊＊＊＊＊＊＊＊＊＊＊＊基础参数＊＊＊＊＊＊＊＊＊＊＊＊＊
% 最大知识存量
N1 = 30；  N2 = 40；
% 固有增长率
r1 = 0. 5；  r2 = 1. 8；
% x1 和 x2 初始值
x1_0 = 20；x2_0 = 30；
% 时间上限
n = 20；
% 时间步长
step = 0. 01；
% ＊＊＊＊＊＊＊＊＊＊＊＊＊模型扩展参数＊＊＊＊＊＊＊＊＊＊＊＊
beta = 0. 02；
% 模型函数名称
name = '7631_1'；
% ＊＊＊＊＊＊＊＊＊＊＊调用模型函数计算＊＊＊＊＊＊＊＊＊＊＊
sigma1_1 = 0. 5；sigma1_2 = 0. 6；
[t1, x1_1, x1_2] = myfunc(name, [r1 r2 N1 N2 sigma1_1 sigma1_2 beta], [x1_0 x2_0], n, step)；
% 调整 sigma 参数，重新计算
sigma2_1 = 0. 2；sigma2_2 = 0. 6；
[t2, x2_1, x2_2] = myfunc(name, [r1 r2 N1 N2 sigma2_1 sigma2_2 beta], [x1_0 x2_0], n, step)；
% ＊＊＊＊＊＊＊＊＊＊＊＊＊＊＊绘制曲线＊＊＊＊＊＊＊＊＊＊＊＊＊＊＊
% 定义 3 个图的标题
```

```matlab
if ~isempty(strfind(name, 'f73'))
    % 有 beta 参数
    a_title = sprintf('(a) \\sigma_1 = %.1f,\\sigma_2 = %.1f,\\beta = %.2f', [sigma1_1, sigma1_2, beta]);
    b_title = sprintf('(b) \\sigma_1 = %.1f,\\sigma_2 = %.1f,\\beta = %.2f', [sigma2_1, sigma2_2, beta]);
else
    % 无 beta 参数
    a_title = sprintf('(a) \\sigma_1 = %.1f,\\sigma_2 = %.1f', [sigma1_1, sigma1_2]);
    b_title = sprintf('(b) \\sigma_1 = %.1f,\\sigma_2 = %.1f', [sigma2_1, sigma2_2]);
end
% 构造绘图参数元组对象
% 是否使用 latex
options.use_latex = false;
% 字体名称
options.font_name = 'Times New Roman';
% 字体大小(10.5 小五号字体, 12 小四号字体)
options.font_size = 11;
% 是否显示网格线
options.grid = true;
% 线宽
options.line_width = 2;
% 颜色列表
options.plot_colors = {'-r', '--b', 'g', 'c', 'm', 'y', 'k', 'w'};
% 标题位置
options.title_pos = [0.5 -0.12];
% 如果要把曲线都放在一个图多个子图,将 if 1 改成 if 0
```

```
if 0
    % 设置图形的大小
    %  set( gcf,'unit','normalized','position',[0.2,0.05,0.6,0.6]);
    figure;% 第 1 个图
    % 如果只看一个图,就使用 OnePlot 函数(省事一点)
    Oneplot( t1 , {x1_1, x1_2}, a_title, options);
    % 设置刻度间距
    %  set( gca,'xtick',0:2:20);
    %  set( gca,'ytick',0:5:40);
    figure;% 第 2 个图
    Oneplot( t2 , {x2_1, x2_2}, b_title, options);
else
    figure;
    % 如果一个图中有多个子图(比如参数变化),就使用 MultiPlot 函数
    MultiPlot( {'t/s', 'x(t)', 'x(t)'}, {{t1, x1_1, x1_2}, {t2, x2_1,
x2_2}}, {a_title, b_title}, false, options);
end
% 将计算数据写入到 txt 文件
% 如果对 matlab 绘图效果不满意,可以利用其他绘图软件进行处理绘
图!! 比如 origin、sigmaplot 等
WriteData( {'t', 'x1', 'x2'}, { {t1, x1_1, x1_2}, {t2, x2_1, x2_2} },
{a_title, b_title}, 'data73. txt');
```

文件:test73_beta. m

```
% 清空所有变量
clear;
%  * * * * * * * * * * * * *基础参数 * * * * * * * * * * * * * *
% 最大知识存量
```

```
N1 = 30; N2 = 40;
% 固有增长率
r1 = 0.5; r2 = 1.8;
% x1 和 x2 初始值
x1_0 = 20; x2_0 = 30;
% 时间上限
n = 20;
% 时间步长
step = 0.01;
% ＊＊＊＊＊＊＊＊＊＊＊＊模型扩展参数＊＊＊＊＊＊＊＊＊＊＊＊＊
beta = 0.02;
% 模型函数名称
name = 'f733_2';
% ＊＊＊＊＊＊＊＊＊＊＊＊调用模型函数计算＊＊＊＊＊＊＊＊＊＊＊
sigma1_1 = 0.5; sigma1_2 = 0.6; beta1 = 0.01;
[t1, x1_1, x1_2] = myfunc(name, [r1 r2 N1 N2 sigma1_1 sigma1_2 be-
ta1], [x1_0 x2_0], n, step);
% 调整 beta 参数,重新计算
sigma2_1 = 0.5; sigma2_2 = 0.6; beta2 = 0.015;
[t2, x2_1, x2_2] = myfunc(name, [r1 r2 N1 N2 sigma2_1 sigma2_2 be-
ta2], [x1_0 x2_0], n, step);
sigma3_1 = 0.5; sigma3_2 = 0.6; beta3 = 0.02;
[t3, x3_1, x3_2] = myfunc(name, [r1 r2 N1 N2 sigma3_1 sigma3_2 be-
ta3], [x1_0 x2_0], n, step);
sigma4_1 = 0.5; sigma4_2 = 0.6; beta4 = 0.025;
[t4, x4_1, x4_2] = myfunc(name, [r1 r2 N1 N2 sigma4_1 sigma4_2 be-
ta4], [x1_0 x2_0], n, step);
% ＊＊＊＊＊＊＊＊＊＊＊＊＊＊绘制曲线＊＊＊＊＊＊＊＊＊＊＊＊＊＊
% 定义 3 个图的标题
```

```matlab
if ~isempty(strfind(name, 'f73'))
    % 有 beta 参数
    a_title = sprintf('(a) \\sigma_1 = %.1f,\\sigma_2 = %.1f,\\beta = %.2f', [sigma1_1, sigma1_2, beta1]);
    b_title = sprintf('(b) \\sigma_1 = %.1f,\\sigma_2 = %.1f,\\beta = %.3f', [sigma2_1, sigma2_2, beta2]);
    c_title = sprintf('(c) \\sigma_1 = %.1f,\\sigma_2 = %.1f,\\beta = %.2f', [sigma3_1, sigma3_2, beta3]);
    d_title = sprintf('(d) \\sigma_1 = %.1f,\\sigma_2 = %.1f,\\beta = %.3f', [sigma4_1, sigma2_2, beta4]);
else
    % 无 beta 参数
    a_title = sprintf('(a) \\sigma_1 = %.1f,\\sigma_2 = %.1f', [sigma1_1, sigma1_2]);
    b_title = sprintf('(b) \\sigma_1 = %.1f,\\sigma_2 = %.1f', [sigma2_1, sigma2_2]);
    c_title = sprintf('(c) \\sigma_1 = %.1f,\\sigma_2 = %.1f', [sigma3_1, sigma3_2]);
    d_title = sprintf('(d) \\sigma_1 = %.1f,\\sigma_2 = %.1f', [sigma4_1, sigma4_2]);
end
% 构造绘图参数元组对象
% 是否使用 latex
options.use_latex = false;
% 字体名称
options.font_name = 'Times New Roman';
% 字体大小(10.5 小五号字体, 12 小四号字体)
options.font_size = 11;
% 是否显示网格线
```

```matlab
options. grid = true;
% 线宽
options. line_width = 2;
% 颜色列表
options. plot_colors = {'-r', '--b', 'g', 'c', 'm', 'y', 'k', 'w'};
% 标题位置
options. title_pos = [0.5 -0.3];
% 如果要把曲线都放在一个图多个子图,将 if 1 改成 if 0
if 0
    % 设置图形的大小
    %  set(gcf,'unit','normalized','position',[0.2,0.05,0.6,0.6]);
    figure;% 第 1 个图
    % 如果只看一个图,就使用 OnePlot 函数(省事一点)
    Oneplot(t1, {x1_1, x1_2}, a_title, options);
    % 设置刻度间距
    %  set(gca,'xtick',0:2:20);
    %  set(gca,'ytick',0:5:40);
    figure;% 第 2 个图
    Oneplot(t2, {x2_1, x2_2}, b_title, options);
else
    figure;
    % 如果一个图中有多个子图(比如参数变化),就使用 MultiPlot
函数
    MultiPlot({'t/s', 'x(t)', 'x(t)'}, { {t1, x1_1, x1_2}, {t2, x2_1,
x2_2}, {t3, x3_1, x3_2}, {t4, x4_1, x4_2} }, {a_title, b_title, c_title, d_
title}, false, options);
end
% 将计算数据写入到 txt 文件
% 如果对 matlab 绘图效果不满意,可以利用其他绘图软件进行处理绘
```

图!! 比如 origin、sigmaplot 等

WriteData({'t', 'x1', 'x2'}, { {t1, x1_1, x1_2}, {t2, x2_1, x2_2}, {t3, x3_1, x3_2}, {t4, x4_1, x4_2} }, {a_title, b_title, c_title, d_title}, 'data73. txt');

文件:WriteData. m

```
function WriteData(names, datas, titles, txtfile)
    if length(datas) ~ = length(titles) || length(datas{1}) ~ = length
(names)
        return;
    end
    disp(sprintf('写入数据到% s 文件中 . . . ', txtfile));
    N = length(names); M = length(titles); K = length(datas{1}
{1});
    fid = fopen(txtfile,'wt'); % 打开 txt 文件
    for i = 1 : M
        % 写入参数标题
        fprintf(fid, '% s\n', titles{i});
        % 写入字段标题
        for j = 1 : N
            fprintf(fid, names{j});
            if j < N
                fprintf(fid, '\t');
            end
        end
        fprintf(fid, '\n');
        % 写入数据
        for k = 1 : K
```

```
for j = 1 : N
    d = datas{i}{j};
    fprintf(fid, '%.1f', d(k));
    if j < N
        fprintf(fid, '\t');
    end
end
fprintf(fid, '\n');
end
fprintf(fid, '\n');
end
fclose(fid);                    % 关闭文件
```

参考文献

［1］ 2016 年员工平均离职率上升至 20% 企业调薪趋于谨慎 ［J/OL］.
2016 - 12 - 16. http：//finance. sina. com. cn/roll/2016 - 12 - 16/doc -
ifxytkcf7816614. shtml.

［2］ C I Barnard. The functions of the executive ［M］. Cambridge, MA：
Harvard University Press, 1938.

［3］ P Blau. Power and exchange in social life ［M］. New York：J Wiley
& Sons, 1964.

［4］ A Gouldner. The norm of reciprocity：A preliminary statement ［J］.
American Sociological Revier, 1960, 25（2）：161 - 178.

［5］ K S Cook, C Cheshire, RM Emerson. Social exchange theory ［M］.
Sage Publications, 1987.

［6］ Andrew S Goldstein. A symbiotic relationship between epithelial and
stromal stem cells ［J］. PNAS December 17, 2013, 110（51）：20356 - 20357.

［7］ Jacqueline A M, Coyle Shapiro. A psychological contract perspective
on organizational citizenship behavior ［J］. Journal of organizational behavior,
2002, 23（8）：927 - 946.

［8］ Denise M Rousseau. Schema, promise and mutuality：The building
blocks of the psychological contract ［J］. Journal of occupational and organiza-
tional psychology, 2001, 74（4）：511 - 541.

［9］ 李原, 郭德俊. 组织中的心理契约 ［J］. 心理科学进展, 2002
（1）：83 - 90.

［10］ 朱力, 肖萍, 翟进. 社会学原理 ［M］. 北京：社会科学文献出

版社，2003.

［11］R T Mowday, R M Steers, L W Porter. Employee – organizational linkages: The psychology of commitment, turnover, and absenteeism ［M］. New York: Academic Press, 1982.

［12］Justin Aselage, Robert Eisenberger. Perceived organizational support and psychological contract: a theoretical integration ［J］. Journal of Organizational Behavior, 2003, 24 （5）: 491 – 509.

［13］J S Moag. Interactional justice: Communication criteria of fairness. In: R J Lewlckl, B H Sheppard, M H Bazerman, eds. Research on Negotiation in Organizations ［C］ Greenwich, CT: J AI Press, 1986: 43 – 55.

［14］Robert Folger. Fairness as moral virtue. Managerial ethics: Moral management of people and process ［M］. New York: Psychology Press, 1998.

［15］Schwartz, H Shalom, Bilsky, et al. Toward a theory of the universal content and structure of values: Extensions and cross – cultural replications ［J］. Journal of personality and social psychology, 1990, 58 （5）: 878 – 891.

［16］R M Williams Jr. Change and stability in values and value systems: A sociological perspective ［J］. Understanding human values: Individual and societal, 1979 （1）: 5 – 46.

［17］E A Locke. The nature and causes of job satisfaction ［J］. Handbook of industrial and organizational psychology, 1976 （1）: 1297 – 1343.

［18］常凯. 劳动关系学 ［M］. 北京：劳动和社会保障出版社，2005.

［19］吴超民，王全兴，张国文. 中国劳动法新论 ［M］. 北京：中国经济出版社，1994.

［20］贾俊玲. 劳动法学教程 ［M］. 北京：中央广播视人学出版社，1990.

［21］LiangDing Jia, Jason D Shaw, Anne S Tsui, et al. A Social – Structural Perspective on Employee – Organization Relationships and Team Creativity ［J］. Academy of Management Journal, 2014, 57 （3）: 869 – 891.

［22］Y Sa, C Burns, C Sullivan. An Inquiry into the Relationship between Employee Development and Organization Satisfaction in the Federal Sector [J]. Asian Social Science, 2014 (12): 119 – 129.

［23］A S Tsui, JL Pearce, LW Porter, et al. Choice of employee – organization relationship: Influence of external and internal organizational factors. in: Research in personnel and human resources management ［C］. Greenwich: JAI press, 1995: 117 – 151.

［24］A S Tsui, J L Pearce, L W Porter, et al. Alternative approaches to the employee – organization relationship: does investment in employees pay off? ［J］. Academy of Management journal, 1997, 40 (5): 1089 – 1121.

［25］William L Koh, Lay Keow Yer. The impact of the employee – organization relationship on temporary employees' performance and attitude: testing a Singaporean sample ［J］. Int. J. of Human Resource Management, 2000, 11 (2): 366 – 387.

［26］Hongmei Shen. Organization – Employee Relationship Maintenanve Strategies: A New Measuring Instrument ［J］. Journalism &Mass Communication Quarterly, 2011, 88 (2): 398 – 415.

［27］Ganga S Dhanesh. CSR as Organization – Employee Relationship Management Strategy: A Case Study of Socially Responsible InformationTechnology Companies in India ［J］. Management Communication Quarterly, 2014, 28 (1): 130 – 149.

［28］徐志静. 员工—组织关系与员工敬业度间关系的研究 ［D］. 南京: 南京大学, 2016.

［29］Stacey R Fitzsimmons, Christina L Stamper. How societal culture influences friction in the employee – organization relationship ［J］. Human Resource Management Review, 2014, 24 (1): 80 – 94.

［30］陈维政, 刘云, 吴继红. 双向视角的员工组织关系探索——I – P/S 模型的实证研究 ［J］. 中国工业经济, 2005 (1): 110 – 117.

［31］吴继红, 陈维政, 刘云. 双向视角的员工—组织关系 I – P/C 模型研究 ［J］. 科研管理, 2009 (6): 141 – 151.

［32］蔡惠如．员工—组织关系和员工的工作结果［D］．广州：华南理工大学，2016.

［33］杨睿．员工—组织关系建设的组织策略及其对工作投入和留任意愿的影响机制［D］．杭州：浙江大学，2018.

［34］A E Douglas. Symbiotic Interaction［M］. Oxford：Oxford University Press，1994.

［35］王缉慈，马铭波等．重新认识意大利式产业区竞争力——对深圳金饰产业区等我国专业化产业区的启示［J］．中国软科学，2009（8）：85 – 93.

［36］朱玉强，齐振宏，方丽丽．工业共生理论的研究评述［J］．工业技术经济，2007（12）：91 – 95.

［37］Frank Boons，Wouter Spekkink，Yannis Mouzakitis. The dynamics of industrial symbiosis：a proposal for a conceptual framework based upon a comprehensive literature review［J］. Journal of Cleaner Production，2011，19（9 – 10）：905 – 911.

［38］Judith L Walls，Raymond L Paquin. Organizational Perspectives of Industrial Symbiosis：A Review and Synthesis［J］. Organization & Environment，2015，28（1）：32 – 53.

［39］Yan Zhang，Hongmei Zheng，Bin Chen，et al. A review of industrial symbiosis research：theory and methodology［J］. Frontiers of Earth Science，2015，9（1）：91 – 104.

［40］袁纯清．共生理论及其对小型经济的应用研究（上）［J］．改革，1998（2）：100 – 104.

［41］袁纯清．共生理论及其对小型经济的应用研究（下）［J］．改革，1998（3）：75 – 85.

［42］高润喜，揭筱纹．战略联盟策略与企业共生理论的比较研究［J］．探索，2013（1）：104 – 108.

［43］张斌．风险投资交易成本控制规律研究——基于共生及分工机制的视角［J］．科技管理研究，2013（23）：191 – 197.

［44］崔兵. 能力、交易费用与企业边界［J］. 中南财经政法大学学报，2011（1）：128 – 134.

［45］杨博文，黄恒振. 共生理论：组织演化研究的新基础［J］. 电子科技大学学报（社科版），2010（2）：29 – 32.

［46］刘友金，袁祖凤，易秋平. 共生理论视角下集群式产业转移进化博弈分析［J］. 系统工程，2012（2）：22 – 28.

［47］张清辉，李敏. 基于生命周期理论的企业协同创新共生模式研究［J］. 中国管理信息化，2014（4）：106 – 107.

［48］Morrison E W，Robinson S L. When employees feel betrayed：A model of how psychological contract violation develops［J］. Academy of management Review，1997，22（1）：226 – 256.

［49］Turnley W H，Feldman D C. The impact of psychological contract violations on exit，voice，loyalty，and neglect［J］. Human relations，1999，52（7）：895 – 922.

［50］白艳莉. 心理契约破裂对员工工作行为的影响——组织犬儒主义的中介作用［J］. 财经问题研究，2013（9）：90 – 98.

［51］马旭军，宗刚. 心理契约破裂内涵及构成研究［J］. 经济问题，2015（7）：13 – 18.

［52］Robinson S L. Trust and breach of the psychological contract［J］. Administrative science quarterly，1996，41（4）：574 – 599.

［53］Coyle Shapiro J C，Kessler L. Consequences of the Psychological Contract for the Employment Relationship：A Large Scale Survey［J］. Journal of Management Studies，2000，37（7）：903 – 930.

［54］Zhao H，Wayne S J，Glibkowski B C，et al. The impact of psychological contract breach on work – related outcomes：a meta – analysis［J］. Personnel psychology，2007，60（3）：647 – 680.

［55］Sims R R. Human resource management's role in clarifying the new psychological contract［J］. Human Resource Management，1994，33（3）：373 – 382.

［56］Robinson S L, Morrison E W. The development of psychological contract breach and violation: A longitudinal study ［J］. Journal of organizational Behavior, 2000, 21 (5): 525 - 546.

［57］Robinson S L, Rousseau D M. Violating the psychological contract: Not the exception but the norm ［J］. Journal of organizational behavior, 1994, 15 (3): 245 - 259.

［58］Robinson S L, Kraatz M S, Rousseau D M. Changing obligations and the psychological contract: A longitudinal study ［J］. Academy of management Journal, 1994, 37 (1): 137 - 152.

［59］杨杰, 凌文辁, 方俐洛. 心理契约破裂与违背刍议 ［J］. 暨南学报 (哲学社会科学版), 2003 (2): 58 - 64.

［60］何燕珍, 张莉. 从员工视角分析心理契约的破裂与违背 ［J］. 福建商业高等专科学校学报, 2004 (5): 14 - 16.

［61］沈伊默, 袁登华. 心理契约破坏感对员工工作态度和行为的影响 ［J］. 心理学报, 2007 (1): 155 - 162.

［62］曹威麟, 陈文江. 心理契约研究述评 ［J］. 管理学报, 2007 (5): 682 - 687.

［63］何霞. 心理契约违背国内外研究综述 ［J］. 商业时代, 2009 (22): 54 - 56.

［64］孙晓龙, 权宗帅, 李艳. 员工心理契约破裂向心理契约违背转化的影响因素分析 ［J］. 经济研究导刊, 2009 (14): 154 - 155.

［65］郑子林. 知识型员工心理契约违背的影响及预防措施探析 ［J］. 管理世界, 2014 (4): 1 - 4.

［66］罗瑞荣. 心理契约破裂与心理契约违背研究分析及展望 ［J］. 南昌航空大学学报 (社会科学版), 2014, 16 (3): 62 - 67.

［67］Conway N, Briner R B. Full - time versus part - time employees: Understanding the links between work status, the psychological contract, and attitudes ［J］. Journal of Vocational Behavior, 2002, 61 (2): 279 - 301.

［68］Kickul J, Lester S W, Belgio E. Attitudinal and behavioral outcomes of psychological contract breach a cross cultural comparison of the United States and Hong Kong Chinese [J]. International Journal of Cross Cultural Management, 2004, 4 (2): 229 – 252.

[69] Conway E. Relating career stage to attitudes towards HR practices and commitment: Evidence of interaction effects? [J]. European Journal of Work and Organizational Psychology, 2004, 13 (4): 417 – 446.

[70] 张生太, 杨蕊. 心理契约破裂、组织承诺与员工绩效 [J]. 科研管理, 2011 (12): 134 – 142.

[71] Epitropaki O. A multi – level investigation of psychological contract breach and organizational identification through the lens of perceived organizational membership: Testing a moderated – mediated model [J]. Journal of Organizational Behavior, 2013, 34 (1): 65 – 86.

[72] 李敏, 周恋. 基于工会直选调节作用的劳动关系氛围、心理契约破裂感知和工会承诺的关系研究 [J]. 管理学报, 2015 (3): 364 – 371.

[73] Hui C, Lee C, Rousseau D M. Psychological contract and organizational citizenship behavior in China: investigating generalizability and instrumentality [J]. Journal of Applied Psychology, 2004, 89 (2): 311 – 321.

[74] 王永跃, 朱玥, 王铜安. 心理契约破裂、工作满意度与建言行为: 神经质的调节作用 [J]. 心理科学, 2013 (6): 1459 – 1463.

[75] Lo S, Aryee S. Psychological contract breach in a Chinese context: An integrative approach [J]. Journal of Management Studies, 2003, 40 (4): 1005 – 1020.

[76] 高日光. 心理契约破裂感对员工忠诚表现的作用机制 [J]. 现代管理科学, 2010 (9): 94 – 96.

[77] B A Rayton, Z Y Yalabik. Work engagement, psychological contract breach and job satisfaction [J]. The International Journal of Human Resource Management, 2014, 25 (17): 2382 – 2400.

[78] Kiazad K, Seibert S E, Kraimer M L. Psychological contract breach and employee innovation: A conservation of resources perspective [J]. Journal

of Occupational and Organizational Psychology, 2014, 87 (3): 535 – 556.

[79] 张楚筠. 领导部属关系对心理契约破裂和绩效、离职倾向关系的中介——基于538名民营科技企业员工的实证研究 [J]. 现代管理科学, 2011 (2): 58 – 60.

[80] 钱士茹，徐自强，王灵巧. 新生代员工心理契约破裂和离职倾向的关系研究 [J]. 现代财经, 2015 (2): 102 – 113.

[81] Yau De Wang, Hui Hsien Hsieh. Employees' reactions to psychological contract breach: A moderated mediation analysis [J]. Journal of Vocational Behavior, 2014, 85 (1): 57 – 66.

[82] Pascal Paillé, Nicolas Raineri. Trust in the context of psychological contract breach: Implications for environmental sustainability [J]. Journal of Environmental Psychology, 2016, 45 (1): 210 – 220.

[83] 魏峰，李燚，卢长宝，毛雁冰. 心理契约破裂、管理欺凌与反生产行为关系研究 [J]. 管理科学学报, 2015 (3): 52 – 63.

[84] Turnley W H, Feldman D C. Research Re – examining the effects of psychological Note contract violations: unmet expectations and job dissatisfaction as mediators [J]. Journal of organizational behavior, 2000, 21 (1): 25 – 42.

[85] Robinson S L, Morrison E W. Psychological contracts and OCB: The effect of unfulfilled obligations on civic virtue behavior [J]. Journal of organizational behavior, 1995, 16 (3): 289 – 298.

[86] Kickul J, Lester S W. Broken promises: Equity sensitivity as a moderator between psychological contract breach and employee attitudes and behavior [J]. Journal of business and psychology, 2001, 16 (2): 191 – 217.

[87] Johnson J L, O'Leary – Kelly A M. The effects of psychological contract breach and organizational cynicism: Not all social exchange violations are created equal [J]. Journal of Organizational Behavior, 2003, 24 (5): 627 – 647.

[88] Turnley W H, Bolino M C, Lester S W, et al. The impact of psychological contract fulfillment on the performance of in – role and organizational citi-

zenship behaviors［J］. Journal of management，2003，29（2）：187 - 206.

［89］Sutton G，Griffin M A. Integrating expectations，experiences，and psychological contract violations：A longitudinal study of new professionals［J］. Journal of Occupational and Organizational Psychology，2004，77（4）：493 - 514.

［90］Raja U，Johns G，Ntalianis F. The impact of personality on psychological contracts［J］. Academy of Management Journal，2004，47（3）：350 - 367.

［91］Dulac T，Coyle - Shapiro J A M，Henderson D J，et al. Not all responses to breach are the same：The interconnection of social exchange and psychological contract processes in organizations［J］. Academy of Management Journal，2008，51（6）：1079 - 1098.

［92］Pascal Paillé，Jorge Humberto Mejía Morelos. Antecedents of pro-environmental behaviours at work：The moderating influence of psychological contract breach［J］. Journal of Environmental Psychology，2014，38：124 - 131.

［93］刘洁琼. 心理契约破裂对角色内绩效与离职倾向的影响机制研究［D］. 广州：华南理工大学，2014.

［94］Ebru Aykan. Effects of Perceived Psychological Contract Breach on Turnover Intention：Intermediary Role of Loneliness Perception of Employees［J］. Procedia - Social and Behavioral Sciences，2014，150：413 - 419.

［95］张生太，张永云，杨蕊. 心理契约破裂对组织公民行为的影响研究［J］. 北京邮电大学学报（社会科学版），2016（3）：77 - 90.

［96］肖素芳. 角色冲突对组织公民行为的影响——心理契约破裂的中介作用和真实型领导的调节作用［J］. 中南财经政法大学研究生学报，2016（5）：94 - 100.

［97］Jimmy Harry Putu Suarthana，I Gede Riana. The Effect of Psychological Contract Breach and Workload on Intention to Leave：Mediating Role of Job Stress［J］. Procedia - Social and Behavioral Sciences，2016，219：717 - 723.

［98］张璇，龙立荣，夏冉. 心理契约破裂和员工沉默行为：一个被

调节的中介作用模型［J］．工业工程与管理，2017（5）：120－127．

［99］李秀凤，孙健敏，林丛丛．高绩效工作系统对员工心理契约破裂的影响：一个跨层的被调节中介［J］．心理科学，2017（2）：442－447．

［100］崔志敏．心理契约破裂、负性情绪与知识型员工反生产行为的关系研究［D］．邯郸：河北工程大学，2018．

［101］张彩琴，杨持．内蒙古典型草原生长季内不同植物生长动态的模拟［J］．生态学报，2007（9）：3618－3629．

［102］赵志国，荣二花，赵志红等．性信息素诱捕下害虫 Logistic 增长及经济阈值数学模型［J］．生态学报，2013（16）：5008－5016．

［103］彭建仿．供应链环境下安全农产品供给的协同机理研究——基于龙头企业与农户共生的理论分析［J］．财贸经济，2011（3）：89－95．

［104］刘友金，袁祖凤，周静，姜江．共生理论视角下产业集群式转移演进过程机理研究［J］．中国软科学，2012（8）：119－129．

［105］彭建仿．供应链关系优化与农产品质量安全——龙头企业与农户共生视角［J］．中央财经大学学报，2012（6）：48－53．

［106］彭建仿，孙在国，杨爽．供应链环境下龙头企业共生合作行为选择的影响因素分析——基于 105 个龙头企业安全农产品生产的实证研究［J］．复旦学报（社会科学版），2012（3）：128－140．

［107］苗振青，李良贤．基于共生视角的企业社会责任研究［J］．企业经济，2012（2）：18－20．

［108］温素彬．企业社会责任影响财务绩效的传导机理——基于多元资本共生的理论解释框架［J］．会计之友，2014（9）：4－9．

［109］李灿．利益相关者、社会责任与企业财务目标函数——基于共生理论的解释［J］．当代财经，2010（6）：117－122．

［110］Moore J F. The death of competition：leadership and strategy in the age of business ecosystems［M］．New York：HarperCollins Publishers，1996．

［111］Drucker P F. The ecological vision：Reflections on the American condition［M］．New Brunswick，NJ：Transaction Publishers，2000．

［112］Amburgey T L，Rao H. Organizational ecology：Past，present， and future directions［J］. Academy of Management journal，1996，39（5）：1265 – 1286.

［113］Campbell D T，Campbell D T. Variation and selective retention in socio – cultural evolution［M］. Social change in developiung areas：A reinter-pretation of evolutionary theory. 1965.

［114］Aldrich H E，Fiol C M. Fools rush in? The institutional context of in-dustry creation［J］. Academy of management review，1994，19（4）：645 – 670.

［115］Lewin A Y，Weigelt C B，Emery J D. Adaptation and selection in strategy and change［M］. Handbook of organizational change and innovation［M］. Oxford：Oxford University Press，2004.

［116］马旭军，宗刚. 基于 Logistic 模型的员工和企业共生行为稳定性研究［J］. 经济问题，2016（1）：96 – 99.

［117］Lifen Fang，Xingdong Li，Anbang Li. Analysis of the Symbiotic Relationship between Managers and Staff with an Application for Coal Mine Safety Management［J］. International Journal of Engineering Research in Africa，2015，16：156 – 165.

［118］袁纯清. 金融共生理论与城市商业银行改革［M］. 北京：商务印书馆，2002.

［119］袁纯清. 共生理论——兼论小型经济［M］. 北京：经济科学出版社，1998.

［120］萧灼基. 金融共生理论与城市商业银行改革序言［M］. 北京：商务印书馆，2002.

［121］易开刚，俞富强. 基于共生视域的"农家乐"经营模式创新研究［J］. 商业研究，2010（5）：85 – 88.

［122］王珍珍，陈功玉. 制造业与物流业联动发展的模式及关系研究——基于 VAR 模型的脉冲响应函数及方差分解的分析［J］. 珞珈管理评论，2011（2）：79 – 93.

［123］吴群. 制造业与物流业联动共生模式及相关对策研究［J］. 经

济问题探索，2011（1）：72－75.

［124］郭淑芬．基于共生的创新系统研究［J］．中国软科学，2011（4）：97－103.

［125］Guadagnoli E，Velicer W F. Relation to sample size to the stability of component patterns［J］．Psychological bulletin，1988，103（2）：265－275.

［126］Schwab D P. Construct validity in organizational behavior［J］．Research in organizational behavior，1978（2）：3－44.

［127］Nunnally C. Psychometric Theory 3ed.［M］．New York：The Free Press，1983.

［128］Hinkin T R. A brief tutorial on the development of measures for use in survey questionnaires［J］．Organizational research methods，1998，1（1）：104－121.

［129］Ford J K，MacCallum R C，Tait M. The Application of Exploratory Factor Analysis in Applied Psychology a Critical Review and Analysis［J］．Personnel Psychology. 1986，39（2）：291－314.

［130］R Tompson，D W Barclay，C A Higgins. The Partial Least Squares Approach to Causal Modeling：Personal Computer Adoption and Use as an Illustration［J］．Technology Studies，1995，s：285－309.

［131］Fornell C，Larcker D F. Evaluating structural equation models with unobservable variables and measurement error［J］．Journal of marketing research，1981，18（1）：39－50.

［132］陈晓萍，徐淑英，樊景立．组织与管理研究的实证方法［M］．北京：北京大学出版社，2008.

［133］孙永波．商业模式创新与竞争优势［J］．管理世界，2011（7）：182－183.

［134］章凯，李朋波，罗文豪，张庆红，曹仰锋．组织—员工目标融合的策略——基于海尔自主经营体管理的案例研究［J］．管理世界，2014（4）：124－145.

［135］高中华，赵晨．工作场所的组织政治会危害员工绩效吗？基于

个人—组织契合理论的视角［J］. 心理学报, 2014（8）：1124 – 1143.

［136］Wei S, Wu G. Supply Chain Enterprises Co – evolution Model from Ecological Perspective［J］. Advances in Information Sciences and Service Sciences, 2013, 5（9）：69 – 79.

［137］尹瑞强, 王新华. 企业目标与员工目标协同性研究［J］. 中国石油大学学报（社会科学版）, 2008（5）：30 – 33.

［138］尹瑞强, 王新华. 企业与员工目标协同性动态演化规律分析与研究［J］. 山东科技大学学报（社会科学版）, 2009（2）：69 – 73.

［139］王一飞, 孙立梅. 基于知识转移的企业协同进化研究［J］. 科技进步与对策, 2010（24）：123 – 127.

［140］Kandjani H, Tavana M, Bernus P, et al. Co – Evolution Path Model（CePM）：Sustaining Enterprises as Complex Systems on the Edge of Chaos［J］. Cybernetics and Systems, 2014, 45（7）：547 – 567.

［141］Goecke F, Thiel V, Wiese J, et al. Algae as an important environment for bacteria – phylogenetic relationships among new bacterial species isolated from algae［J］. Phycologia, 2013, 52（1）：14 – 24.

［142］毛荐其, 刘娜, 陈雷. 技术共生机理研究——一个共生理论的解释框架［J］. 自然辩证法研究, 2011（6）：36 – 41.

［143］卫海英, 骆紫薇. 中国的服务企业如何与顾客建立长期关系？——企业互动导向、变革型领导和员工互动响应对中国式顾客关系的双驱动模型［J］. 管理世界, 2014（1）：105 – 119.

［144］黄亮, 彭璧玉. 工作幸福感对员工创新绩效的影响机制——一个多层次被调节的中介模型［J］. 南开管理评论, 2015（2）：15 – 29.

［145］唐秀丽, 辜应康. 强颜欢笑还是真情实意：组织认同、基于组织的自尊对服务人员情绪劳动的影响［J］. 旅游学刊, 2016（1）：68 – 80.

［146］Chang P L, Chieng M H. Building consumer – brand relationship：A cross – cultural experiential view［J］. Psychology & Marketing, 2006, 23（11）：927 – 959.

［147］Frederick F R, Sasser W E. Zero defections：quality comes to services [J]. Harvard Business Review, 1990, 68 (5): 105.

[148] Blackston M. Observations: building brand equity by managing the brand's relationships [J]. Journal of Advertising Research, 2000, 40 (6): 101 – 105.

[149] Huber F, Vollhardt K, Matthes I, et al. Brand misconduct: Consequences on consumer – brand relationships [J]. Journal of Business Research, 2010, 63 (11): 1113 – 1120.

[150] Gailly F, Casteleyn S, Alkhaldi N. On the symbiosis between enterprise modelling and ontology engineering [M]. Conceptual Modeling, Berlin Heidelberg: Springer – Verlag, 2013.

[151] 夏立明, 李雪娜, 宇卫昕. 工程咨询企业知识存量增长机理研究——基于共生理论 [J]. 华东经济管理, 2013 (12): 120 – 126.

[152] 张洪, 梁松. 共生理论视角下国际产能合作的模式探析与机制构建——以中哈产能合作为例 [J]. 宏观经济研究, 2015 (12): 121 – 128.

[153] Allam T G, Clakr, C E. Nonauotonmous Logistic equiations as models of Populations in a deteriorating environment [J]. Journal of Theoretical Biology, 1981, 93 (2): 30 – 31.

[154] Eller, W. On the Logistic Law of growth and its empirical verifications in biology [J]. Aeta. Biotheoretica, 1940, 5 (2): 51 – 66.

[155] Ianmo Li, Zhongwei Guo. Some aspects of ecological modeling developments in China Ecological Modelling [J]. 2000, 132 (1 – 2): 3 – 10.

后　记

　　我执教组织行为学课程与研究组织行为和企业管理10年有余。教学越多，研究越深入，越对组织行为兴趣加深、痴迷加深，但也越自觉知识浅显、能力不足，尚需继续努力用功！

　　本书在我的博士学位论文基础上修改、完善而成。能依然在求学的道路上前行要感谢我的博士生导师宗刚教授！他严谨的治学态度、求真求细求全的工作作风，深深地感染和激励着我，在此，谨向敬爱的宗刚教授致以最真挚的敬意和最衷心的感谢！

　　感谢在研究过程中给予我鼓励、关心、支持和帮助的所有老师、同学、同事和朋友！在此，谨怀着虔诚的心，向他们表示由衷的敬佩和诚挚的感谢！

　　特别感谢我的家人！我的母亲文化不高，说出的话虽然朴实，道理却很深刻，她给予我诸多支持与鼓励，让我深深地感到了母爱的伟大和坚持的动力。我的孩子也不断鼓励我，并要以我为榜样好好学习，我也深知一个母亲对孩子的影响颇大，一直在言传身教。感谢你们，让我深深地体会到了家人的温暖与爱！

　　感谢我的工作单位太原科技大学，在我博士毕业后，给予了博士科研启动项目的支持，使我的研究成果能与读者见面。在此，还要感谢知识产权出版社对本书出版付出辛勤智力劳动的工作人员！

　　感谢这本书的读者，能够使我获得认同，并与我一起分享并交流！

　　深深地感谢！

作者
2018 年 9 月